日常のカジュアルなひとこと

ためぐち韓国語

TAMEGUCHI
PHRASE for
KOREAN

キム・スノク

高橋書店

『ためぐち韓国語』へようこそ!

　年齢による上下関係を大切にする韓国ですが、親しい間柄では「ためぐち(パンマル)」がよく使われています。ファンミーティングやイベントでは、カジュアルで親しい雰囲気をかもし出すためにためぐちが使われますし、SNSのコミュニティでも共通の趣味を持つ仲間たちがためぐちで会話をしています。ためぐちを適切に使うことで、相手との距離がぐっと縮まり、リラックスした会話が楽しめるようになります。

　本書では、そんなためぐち表現を楽しくカジュアルに学べるように工夫しました。紹介するフレーズには韓国の文化が色濃く反映されていて、「いいことがあったらみんなにおごる」「せっかち」「自撮り大好き」「記念日を大切にする」など、韓国人のライフスタイルや価値観を知ることができる点も魅力です。

　さらに、本書に登場するためぐちフレーズはすべて6文字以下。穴埋め形式で、クイズ感覚でサクサク覚えることができます。

　ためぐちを知っていると、韓国ドラマやK-POPを楽しむときに、登場人物のセリフや歌詞をもっとリアルに感じられるようになります。ぜひ、ためぐちを通じて、韓国語の新しい魅力を体験してみてください！　아자 아자♪

著者　キム・スノク

もくじ

CHAPTER 1

さあ、声をかけよう

CHAPTER 2

感情豊かに

CHAPTER 3

とっさのつぶやき

CHAPTER 4

韓国ドラマで よく聞く語尾表現

オノマトペクイズ

STAFF | アートディレクション：北田進吾　デザイン：北田進吾、名取友春（キタダデザイン）　イラスト：わかる
DTP：門馬幸恵　ナレーション：うにょん（韓国語）、朝陽聖梨香（日本語）　録音：ユニバ合同会社
校正：共同制作社　ネイティブ校正：ソ・ウナ　アプリ制作：岡野秀夫

ハングル表 ①

母音	基本子音									
	ㄱ	ㄴ	ㄷ	ㄹ	ㅁ	ㅂ	ㅅ	ㅇ	ㅈ	ㅎ
ㅏ	가 か	나 な	다 た	라 ら	마 ま	바 ば	사 さ	아 あ	자 ちゃ	하 は
ㅑ	갸 きゃ	냐 にゃ	댜 てぃゃ	랴 りゃ	먀 みゃ	뱌 ぴゃ	샤 しゃ	야 や	쟈 ちゃ	햐 ひゃ
ㅓ	거 こ	너 の	더 と	러 ろ	머 も	버 ぼ	서 そ	어 お	저 ちょ	허 ほ
ㅕ	겨 きょ	녀 にょ	뎌 てぃょ	려 りょ	며 みょ	벼 ぴょ	셔 しょ	여 よ	져 ちょ	혀 ひょ
ㅗ	고 こ	노 の	도 と	로 ろ	모 も	보 ぼ	소 そ	오 お	조 ちょ	호 ほ
ㅛ	교 きょ	뇨 にょ	됴 てぃょ	료 りょ	묘 みょ	뵤 ぴょ	쇼 しょ	요 よ	죠 ちょ	효 ひょ
ㅜ	구 く	누 ぬ	두 とぅ	루 る	무 む	부 ぶ	수 す	우 う	주 ちゅ	후 ふ
ㅠ	규 きゅ	뉴 にゅ	듀 てぃゅ	류 りゅ	뮤 みゅ	뷰 ぴゅ	슈 しゅ	유 ゆ	쥬 ちゅ	휴 ひゅ
ㅡ	그 く	느 ぬ	드 とぅ	르 る	므 む	브 ぶ	스 す	으 う	즈 ちゅ	흐 ふ
ㅣ	기 き	니 に	디 てぃ	리 り	미 み	비 ぴ	시 し	이 い	지 ち	히 ひ

激音				濃音※				
ㅋ	ㅌ	ㅍ	ㅊ	ㄲ	ㄸ	ㅃ	ㅆ	ㅉ
카	타	파	차	까	따	빠	싸	짜
か	た	ぱ	ちゃ	っか	った	っぱ	っさ	っちゃ
캬	탸	퍄	챠	꺄	땨	뺘	쌰	쨔
きゃ	てぃや	ぴゃ	ちゃ	っきゃ	ってぃや	っぴゃ	っしゃ	っちゃ
커	터	퍼	처	꺼	떠	뻐	써	쩌
こ	と	ぽ	ちょ	っこ	っと	っぽ	っそ	っちょ
켜	텨	펴	쳐	껴	뗘	뼈	쎠	쪄
きょ	てぃよ	ぴょ	ちょ	っきょ	ってぃよ	っぴょ	っしょ	っちょ
코	토	포	초	꼬	또	뽀	쏘	쪼
こ	と	ぽ	ちょ	っこ	っと	っぽ	っそ	っちょ
쿄	툐	표	쵸	꾜	뚀	뾰	쑈	쬬
きょ	てぃよ	ぴょ	ちょ	っきょ	ってぃよ	っぴょ	っしょ	っちょ
쿠	투	푸	추	꾸	뚜	뿌	쑤	쭈
く	とぅ	ぷ	ちゅ	っく	っとぅ	っぷ	っす	っちゅ
큐	튜	퓨	츄	뀨	뜌	쀼	쓔	쮸
きゅ	てぃゅ	ぴゅ	ちゅ	っきゅ	ってぃゅ	っぴゅ	っしゅ	っちゅ
크	트	프	츠	끄	뜨	쁘	쓰	쯔
く	とぅ	ぷ	ちゅ	っく	っとぅ	っぷ	っす	っちゅ
키	티	피	치	끼	띠	삐	씨	찌
き	てぃ	ぴ	ち	っき	ってぃ	っぴ	っし	っち

※本書では、語頭の濃音に関しては小さい「っ」を省略しています。

ハングル表 ②

母音	基本子音									
	ㄱ	ㄴ	ㄷ	ㄹ	ㅁ	ㅂ	ㅅ	ㅇ	ㅈ	ㅎ
ㅐ	개 け	내 ね	대 て	래 れ	매 め	배 ぺ	새 せ	애 え	재 ちぇ	해 へ
ㅒ	걔 け	냬 ね	—	—	—	—	섀 せ	얘 え	쟤 ちぇ	—
ㅔ	게 け	네 ね	데 て	레 れ	메 め	베 ぺ	세 せ	에 え	제 ちぇ	헤 へ
ㅖ	계 け	녜 ね	뎨 て	례 れ	몌 め	볘 ぺ	셰 せ	예 え	졔 ちぇ	혜 へ
ㅘ	과 くぁ	놔 ぬぁ	돠 とぁ	롸 るぁ	뫄 むぁ	봐 ぶぁ	솨 すぁ	와 わ	좌 ちゅあ	화 ふぁ
ㅙ	괘 くぇ	—	돼 とぇ	—	—	봬 ぷぇ	쇄 すぇ	왜 うぇ	좨 ちぇ	홰 ふぇ
ㅚ	괴 くぇ	뇌 ぬぇ	되 とぇ	뢰 るぇ	뫼 むぇ	뵈 ぶぇ	쇠 すぇ	외 うぇ	죄 ちぇ	회 ふぇ
ㅝ	궈 くぉ	눠 ぬぉ	둬 とぉ	뤄 るぉ	뭐 むぉ	붜 ぷぉ	숴 すぉ	워 うぉ	줘 ちゅぉ	훠 ふぉ
ㅞ	궤 くぇ	눼 ぬぇ	뒈 とぇ	뤠 るぇ	뭬 むぇ	붸 ぷぇ	쉐 すぇ	웨 うぇ	줴 ちぇ	훼 ふぇ
ㅟ	귀 くぃ	뉘 ぬぃ	뒤 とぃ	뤼 るぃ	뮈 むぃ	뷔 ぷぃ	쉬 すぃ	위 うぃ	쥐 ちゅぃ	휘 ふぃ
ㅢ	긔 くぃ	늬 ぬぃ	듸 とぃ	—	—	—	—	의 うぃ	—	희 ふぃ

激音				濃音※				
ㅋ	ㅌ	ㅍ	ㅊ	ㄲ	ㄸ	ㅃ	ㅆ	ㅉ
캐 け	태 て	패 ぺ	채 ちぇ	깨 っけ	때 って	빼 っぺ	쌔 っせ	째 っちぇ
—	—	—	—	—	—	—	—	—
케 け	테 て	페 ぺ	체 ちぇ	께 っけ	떼 って	뻬 っぺ	쎄 っせ	쩨 っちぇ
켸 け	톄 て	폐 ぺ	쳬 ちぇ	계 っけ	—	—	—	—
콰 くぁ	톼 とぁ	퐈 ぷぁ	촤 ちゅぁ	꽈 っくぁ	똬 っとぁ	—	쏴 っすぁ	쫘 っちゅぁ
쾌 くぇ	퇘 とぇ	—	—	꽤 っくぇ	뙈 っとぇ	—	쐐 っすぇ	쫴 っちぇ
쾨 くぇ	퇴 とぇ	푀 ぷぇ	최 ちぇ	꾀 っくぇ	뙤 っとぇ	쁴 っぷぇ	씌 っすぇ	쬐 っちぇ
쿼 くぉ	퉈 とぉ	풔 ぷぉ	춰 ちゅぉ	꿔 っくぉ	뚸 っとぉ	—	쒀 っすぉ	쭤 っちゅぉ
퀘 くぇ	퉤 とぇ	—	췌 ちぇ	꿰 っくぇ	뛔 っとぇ	—	쒜 っすぇ	
퀴 くぃ	튀 とぃ	퓌 ぷぃ	취 ちゅぃ	뀌 っくぃ	뛰 っとぃ	—	쒸 っすぃ	쮜 っちゅぃ
—	틔 とぃ	—	—	—	띄 っとぃ	—	씌 っすぃ	—

※本書では、語頭の濃音に関しては小さい「っ」を省略しています。

ためぐちの作り方

韓国語のためぐちには へ体 と ハンダ体 があります。

へ体（パンマル）は、うちとけた丁寧語の「- 아 / 어요（ヘヨ体）」から「요」を省略した形です。ハンダ体は、公式な場で好まれる丁寧語の「- ㅂ니다 / 습니다（ハムニダ体）」をためぐちにしたものです。

例えば

좋아해요 .（好きです） →	좋아해 .（好き）	へ体
좋아합니다 .（好きです） →	좋아한다 .（好きだ）	ハンダ体

ハンダ体は、硬い印象がありますが、性別に関係なく使うことができます。本書に掲載されているフレーズは、へ体とハンダ体の両方の例を取り入れ、日常的に使われるスタイルで紹介しています。

へ体（- 아 / 어）について

❶ 平叙文と疑問文のへ体

動詞・形容詞の現在形と過去形（- 아 / 어요）からから요を取ります。
※하다は해になります。

		現在形		過去形	
먹다	食べる	먹어요 →	먹어	먹었어요 →	먹었어
좋다	良い	좋아요 ? →	좋아 ?	좋았어요 ? →	좋았어 ?
연락하다	連絡する	연락해요 →	연락해	연락했어요 →	연락했어

② 名詞＋이다 / 아니다（指定詞）のへ体

文末の「- 이에요 / 예요」を「- 이야 / 야」に、아니에요を아니야に変えます。

제발 부탁이에요 .（どうかお願いします）	→	제발 부탁이야 .（どうかお願い）
별로예요 .（今ひとつ微妙かな）	→	별로야 .（イマイチだね）
친구가 아니에요 .（友達ではないです）	→	친구가 아니야 .（友だちじゃない）

③ ヘ体の未来形　- ㄹ / 을 거예요を - ㄹ / 을 거야に変えます。

취직할 거예요 .（就職するつもりです）	→	취직할 거야 .（就職するつもり）
먹을 거예요 .（食べるつもりです）	→	먹을 거야 .（食べるつもり）

④ 答え方

네（はい）	→	응 , 어（うん）	아니요（いいえ）	→	아니（いや）

⑤ 人称代名詞

「私、あなた」のような人称代名詞は次のように変わります。

		丁寧語		ためぐち			丁寧語		ためぐち
私		저	→	나	あなた		○○씨	→	너
私は		저는 (전)	→	나는 (난)	あなたは		○○씨는	→	너는 (넌)
私の		저의 (제)	→	나의 (내)	あなたの		○○씨는	→	너의 (네→니)
私が		제가	→	내가	あなたが		○○씨가	→	네가 (니가)
私を		저를	→	나를 (날)	あなたを		○○씨를	→	너를 (널)

※ （ ）内は会話で使われるとき
※丁寧語の 2 人称に당신（あなた）がありますが、日常では○○씨（○○さん）を使います。

⑥ 呼びかけ

名前を呼ぶとき、ためぐちの場合は、名前＋「아/야」を使います。

서준 씨 （ソジュンさん）	→	서준아 （ソジュン）
민지 씨 （ミンジさん）	→	민지야 （ミンジ）
恋人同士の愛称	→	자기야 （ダーリン、ハニー）

ビジネスや公式な場面では、フルネームに「씨 （さん）」や「님 （さま）」をつけて呼びます。

박서준 씨	→	パク・ソジュンさん
주지훈 님	→	チュ・ジフンさま

基本的に相手の姓に「씨」をつけて「김 씨 （キムさん）」のように呼ぶことは避けましょう。また、親しい間柄でも突然「박서준！（パク・ソジュン！）」などとフルネームで呼ぶと、注意されていると誤解されることがあるので気をつけて。

ハンダ体について

ハンダ体は、文の構造（平叙文、疑問文、命令文など）や品詞によって語尾が変わる点が、ヘ体とは異なります。

① 平叙文のハンダ体　動詞の場合と形容詞の場合で語尾が異なります。

	現在形	過去形
動詞	- ㄴ / 는다	- 았다 / 었다
形容詞・存在詞	- 다	
指定詞	(이) 다 （〜だ） 아니다 （〜ではない）	이었다 / 였다 아니었다

→ **動詞の場合**

現在形 動詞の語幹に「- ㄴ / 는다」をつけます。※하다는 한다になる。

例 간다(行く)、먹는다(食べる)、공부한다(勉強する)

過去形 動詞の語幹に「- 았다 / 었다」をつけます。※하다는 했다になる。

例 갔다 (行った)、먹었다 (食べた)、공부했다 (勉強した)

→ **形容詞や存在詞の場合**

現在形 基本的に辞書に載っている基本形と同じ形の「- 다」となります。

例 예쁘다 (かわいい)、유명하다 (有名だ)

過去形 動詞と同様「- 았다 / 었다」になります。

例 예뻤다 (かわいかった)、유명했다 (有名だった)

→ **存在詞** 「있다 (ある)」「없다 (ない)」

現在形 そのまま「- 다」の形で使います。 例 있다 (ある)、없다 (ない)

過去形 「- 었다」をつけます。 例 있었다 (あった)、없었다 (なかった)

→ **指定詞** 「名詞 + 이다」「名詞 + 이 / 가 아니다」

現在形 「-(이) 다 (〜だ)」が使われます。

例 여름이다 (夏だ)、바다다 (海だ)

否定形 「- 이 / 가 아니다 (〜ではない)」が使われます。

例 농담이 아니다 (冗談じゃない)

過去形 「- 이었다 / 였다」になります。

例 사랑이었다 (恋だった)、바보였다 (バカだった)

否定形 「- 이 / 가 아니었다」を使います。

例 농담이 아니었다 (冗談じゃなかった)

※ハンダ体の場合、平叙文において動詞は形容詞や存在詞とは異なる形をとるので気をつけましょう。動詞は「- ㄴ / 는다」、形容詞や存在詞は「- 다」です。過去形では動詞、形容詞、存在詞はいずれも「- 았다 / 었다」を使います。

② 疑問文のハンダ体

動詞・形容詞・存在詞の場合、語幹＋「- 니 ?」
または「- 냐 ?」で疑問文を作ります。

> 어디 가니 ? ／ 가냐 ? (どこに行くの？)
>
> 아프니 ? ／아프냐 ? (痛い？)
>
> 숙제 다 했니 ? ／숙제 다 했냐 ? (宿題終わった？)
>> 指定詞の場合は、名詞＋ (이) 니 ? ／냐 ? または 名詞＋아니니 ? ／냐 ? で
>> 疑問文を作ります。
>
> 이름이 뭐니 ? ／뭐냐 ? (名前は何？)
>
> 선물이니 ? ／선물이냐 ? (プレゼントなの？)

※「- 냐 ?」は男性的な言葉遣いと思われがちですが、女性も使います。

③ 命令文のハンダ体

動詞の語幹＋「- 아라 / 어라」で命令形になります。　※하다は해라になります。

> 연락해라 . (連絡して)
>
> 많이 먹어라 . (たくさん食べて)

④ 勧誘文のハンダ体

動詞の語幹＋「- 자」で勧誘形を作ります。※否定形は語幹＋「- 지 말자」になります。

> 같이 가자 . (一緒に行こう)
>
> 그만하자 . (やめよう)
>
> 마시지 말자 . (飲まないでおこう)

ヘ体とハンダ体のニュアンスの違い

「ためぐち（ヘ体とハンダ体）」は日常会話で親しい間柄や年下、子どもに使われる話し方です。会話ではヘ体とハンダ体でニュアンスが多少異なる場合もあります。

ヘ体	추워 . (寒いね)	→	聞いている相手に言っている感じ。
ハンダ体	춥다 . (寒い〜)	→	独り言のようなニュアンス。
ヘ体	지금 바빠 . (今忙しいの)		
ハンダ体	바쁘다 . (忙しい〜)		

「바쁘다 바빠！(忙しい忙しい！)」のように、形容詞を重ねて使う場合、ハンダ体が先に来て、ヘ体が後ろに続きます。
※ハンダ体は文章体でも使われているので、TOPIK の作文を書くときにも役に立ちます。

韓国語の「ためぐち」もシチュエーションに応じた使い分けが大切です。誰かとためぐちで話したくなったら、親しくなった相手でもまず了承を得ること。

相手が

나 , 말 편하게 해도 될까 ?
な、 まる びょなげ へど どえるか
（私、ためぐち使ってもいい？）

とまずひと言。

좋아 .
ちょあ
（いいよ）

と答えてくれたら
もう大丈夫です。

この本の使い方

フレーズには一部空欄があります。表示された子音をヒントにして、空欄に合う単語を考えてみましょう。次のページをめくると、答えとその解説が読めます。また、ひらがなでルビ（ふりがな）を振っていますが、あくまで補助的なものであり、完全な韓国語の発音とは異なる点があることにご注意ください。

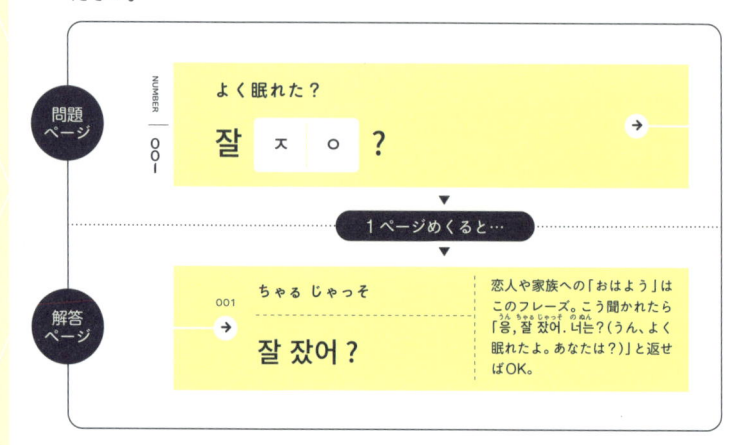

問題ページ

NUMBER 001

よく眠れた？

잘 ㅈㅇ ？

1ページめくると…

解答ページ

001 ちゃる じゃっそ

잘 잤어？

恋人や家族への「おはよう」はこのフレーズ。こう聞かれたら「응, 잘 잤어. 너는？(うん、よく眠れたよ。あなたは？)」と返せばOK。

アプリ・音声データのご利用方法

高橋書店のホームページからご利用いただけます。アプリをご利用したい方はスマートフォンから、音声データをダウンロードしたい方はパソコンから、下記のURLにアクセスしてください。QRコードを読み取っていただいても、同じページにアクセスできます。

https://www.takahashishoten.co.jp/tamekan-dl/

アプリでできること

本書に収録されているフレーズとオノマトペクイズの音声をお聞きいただけます。聞き流しも可能で、再生範囲、日本語と韓国語の読み上げ順、再生速度、ポーズなど設定を自由に変更できます。

・アプリはiOSとAndroidに対応しています。　・古い機種やOSには対応していない場合があります。
・パソコンやスマホの操作に関するご質問にはお答えできません。　・通信費はお客様のご負担となります。

CHAPTER 1

さあ、声をかけよう

ためぐちで距離を縮めよう！

　韓国ドラマを見ていると、知り合った二人が年齢を確認しあい、「私のほうがオッパ（兄）／オンニ（姉）だ」と言うシーンをよく目にします。相手が年下だとわかると、急にためぐちを使い始めることもしばしば。年齢に関係なく、夫婦や恋人同士ではためぐちが当たり前で、それは親密な関係の証でもあります。

　また、ファンミーティングやライブの会場では「준비됐어？（準備できた？）」や「소리질러！（叫んで！）」といった歓声が飛び交い、ためぐちが観客とステージの距離感を縮めるのに一役買っています。

　仲良くなりたい韓国人の友達がいるなら、思い切って「ためぐちで話さない？」と提案してみて。勇気が必要かもしれませんが、「あなたと友達になりたい」という気持ちはきっと伝わりますよ。

よく眠れた？

잘 ㅈ ㅇ ？　→

起きた？

ㅇ ㅇ ㄴ ㅇ ？　→

おはよう！

ㅈ ㅇ ㅇ ㅊ ！　→

おやすみ。

잘 ㅈ ．　→

私の夢見てね。

내 ㄲ ㄲ ．　→

| 001 → | ちゃる じゃっそ

잘 잤어 ? | 恋人や家族への「おはよう」はこのフレーズ。こう聞かれたら「응, 잘 잤어. 너는?（うん、よく眠れたよ。あなたは？）」と返せばOK。 |
| --- | --- | --- |
| 002 → | いろなっそ

일어났어 ? | 返事は「응, 일어났어.（うん、起きてるよ）」。もっと寝ていたいときは「좀 더 잘게.（もうちょっと寝るね）」。 |
| 003 → | ちょう なちむ

좋은 아침 ! | 좋은＝良い、아침＝朝。朝昼晩いつでも使える「안녕.（やあ）」もいいけど、フランクな朝のあいさつといえばこれ。 |
| 004 → | ちゃる じゃ

잘 자 . | 直訳すると「よく寝てね」。そろそろ寝なくちゃ、というとき、優しくそっとささやくように言ってみて。夜、電話を切るときにも使えます。 |
| 005 → | ねっくむくぉ

내 꿈꿔 . | テレビのCMで大ヒットしたセリフ。デートの別れ際や電話を切るときに使います。「잘 자.（おやすみ）」とセットでどうぞ。 |

ひさしぶり。

ㅇ ㄹ ㅁ **이다** . →

いつぶり?

ㅇ ㅁ ㅁ **이야** ? →

超ひさしぶり！（百万年ぶり）

ㅂ ㅁ ㄴ **만이네** ! →

元気だった？

잘 ㅈ ㄴ ㅈ ? →

なつかし〜。（ひさしぶりに会えてうれしい）

ㅂ ㄱ ㅇ . →

006
→

おれんまにだ

오랜만이다 .

오래간=長い間、만=ぶり、이다=「～だ」の縮約形。女性に言うときは「예뻐졌네.(きれいになったね)」を添えると喜ばれるかも。

007
→

おるま まにや

얼마 만이야 ?

얼마=どれほど、만=ぶり、이야?=なの?。「本当にひさしぶり!」と返すときは「이게(これは)」をつけて「이게 얼마만이야!」。

008
→

ぺんまん にょん まにね

백만 년 만이네 !

直訳すると「百万年ぶりだね!」。ちょっと大げさですが、SNSをひさびさにアップデートしたときなどに使ってみて。

009
→

ちゃる じねっち

잘 지냈지 ?

잘=よく、지내다=過ごす。「うん、元気だよ。あなたは?」と返すときは「응,잘 지냈어.너는?」。

010
→

ぱんがうぉ

반가워 .

基本形반갑다は「(人に会って)うれしい」という意味。初対面の場合は「반가워요.(お会いできてうれしいです)」。

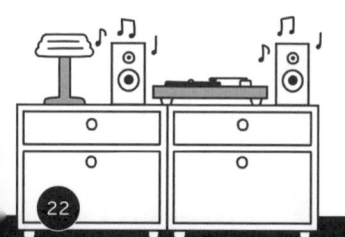

行ってきます

🔊 TR-03

行ってくるね。

ㄷ ㄴ 올게. →

行ってらっしゃい。

ㄷ ㄴ ㅇ . →

すぐ戻るね。

ㄱ ㄷ 올게. →

行っといで～。

ㄷ ㄱ ㅇ ～ . →

ちょっと出かけてくる。

좀 ㄴ ㄱ ㄷ 올게. →

011

→

たにょ おるけ

다녀올게 .

職場や学校など、通っている場所に行くときに使います。もう少し丁寧に「行ってきます」と言うときは「다녀올게요.」です。

012

→

たにょ わ

다녀와 .

直訳すると「行ってきて」。丁寧な言い方は「다녀오세요.」です。「다녀올게.」「다녀와.」というやり取りはドラマでもよく出てきます。

013

→

かった おるけ

갔다 올게 .

直訳すると「行ってくる」。コンビニやスーパーなど近場に行くときや、ちょっと席を外すときによく使います。

014

→

てんぎょわ

댕겨와 ~ .

「다녀와.(行ってらっしゃい)」の方言バージョンですが、ソウルでも通じます。方言特有の温かみや親しみやすさがいい感じ。

015

→

ちょむ ながった おるけ

좀 나갔다 올게 .

좀＝ちょっと、나가다＝出かける。行き先を具体的に告げず「ちょっとそこまで」というときに使ってみて。

ただいま／おかえり

🔊 TR-04

ただいま。

ㄷ ㄴ 왔어. →

ただいま。

나 ㅇ ㅇ. →

おかえり。

ㅇ ㅅ 와. →

おかえり。

ㄷ ㄴ ㅇ ㅇ? →

誰もいないの？

ㅇ ㅁ ㄷ 없어? →

016 →	たにょわっそ 다녀왔어 .	다녀오다 (行ってくる) の過去形なので、直訳すると「行ってきた」。目上の人には「다녀왔습니다.」と言いましょう。
017 →	な わっそ 나 왔어 .	나＝私、왔어＝来たよ、で「ただいま」。もっとくだけて「왔어.」だけでもOK。こう言われたら「왔어?(来たの?＝おかえり)」と返すことも。
018 →	おそ わ 어서 와 .	어서 (どうぞ、さあ〈早く〉) に오다 (来る) の命令形 와 (来て) がついた形です。家に「ようこそ」と迎え入れるニュアンスがあります。
019 →	たにょわっそ 다녀왔어 ?	直訳すると「行ってきたの?」。「帰ってきたんだね、おかえり」といったニュアンスです。
020 →	あむど おぷそ 아무도 없어 ?	「ただいま」と言ったのに返事がないと寂しいですよね。「誰もいないの?」が聞こえたら「벌써 왔어? (早かったね)」と応えてあげて。

さようなら
🔊 TR-05

NUMBER 021

じゃあね。

잘 ㄱ . →

NUMBER 022

元気でね〜。

잘 ㅇ ㅇ 〜. →

NUMBER 023

バイバ〜イ。

ㅇ ㄴ 〜. →

NUMBER 024

またね。

또 ㅂ ㅈ . →

NUMBER 025

お先に。

ㅁ ㅈ **갈게** . →

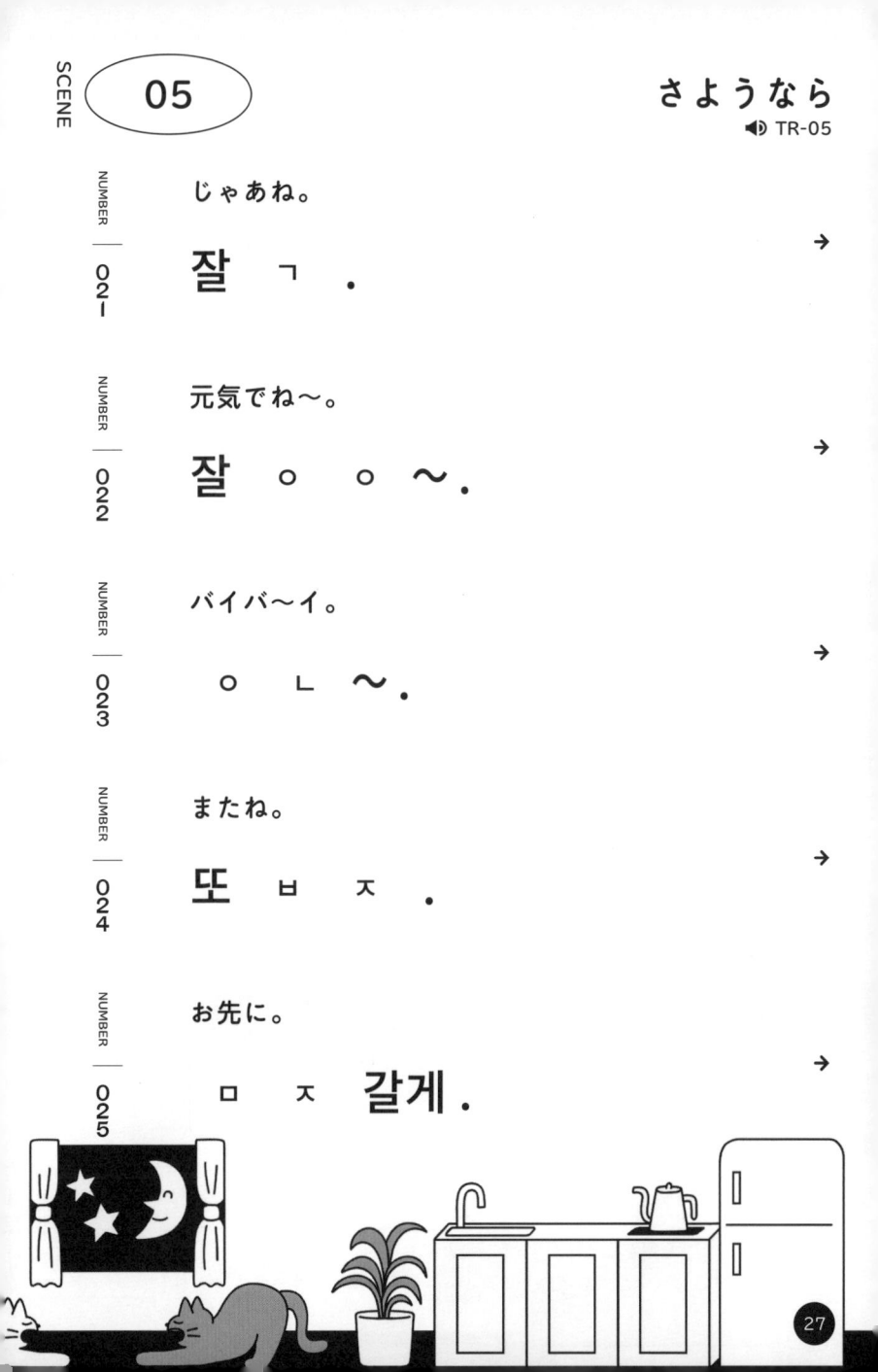

021

ちゃる が

→

잘 가.

相手を見送るときや、二人とも立ち去る場合はお互いに言います。「가.」だけで済ますことも。

022

ちゃ りっそ

→

잘 있어～.

立ち去る人が、その場にとどまる人に対して使う別れのあいさつ。「잘 가.(じゃあね)」とセットで覚えましょう。

023

あんにょん

→

안녕～.

語尾を上げると「やあ、ハ～イ」ですが、語尾を伸ばすと「バイバ～イ」の意味に。立ち去るときと見送るときの区別はありません。

024

と ぼじゃ

→

또 보자.

또＝また、보자 (보다)＝見る、会う。ラブソングでよく耳にする「보고 싶어.」は「あなたが恋しい、会いたい」という意味。

025

もんじょ がるけ

→

먼저 갈게.

먼저＝先に、갈게＝行くね。返事は「잘 가.(じゃあね)」でOK。夜なら「조심히 가.(気をつけて帰ってね)」もいいですね。

NUMBER 026

連絡ちょうだい。

ㅇ ㄹ 해. →

NUMBER 027

連絡するね。

연락 ㅎ ㄱ . →

NUMBER 028

カカオトークして。

ㅋ ㅌ 해. →

NUMBER 029

電話ちょうだい。

ㅈ ㅎ 해. →

NUMBER 030

カトクでお願い。

ㅌ ㅇ ㄹ 해. →

026 →	よるらけ **연락해 .**	ひさしぶりに会った同級生に「会えてよかった。また連絡してね」という感じ。発音が [열라_{よるら}캐_け] になることに注意しましょう。

026 → よるらけ

연락해 .

ひさしぶりに会った同級生に「会えてよかった。また連絡してね」という感じ。発音が [열라캐] になることに注意しましょう。

---

027 → よるらかるけ

연락할게 .

「연락해.(連絡ちょうだい)」と言われたら、こう応えればバッチリ！

---

028 → かとけ

카톡해 .

「안녕~(またね~)」の代わりに使われることも。카톡はメッセージアプリ、カカオトークの略。返事は「카톡할게.(カカオトークするね)」でOK！

---

029 → ちょぬぁへ

전화해 .

文字のやりとりもいいですが、声を聞きたいときもありますよね。好きな人に別れ際にそっとささやいてみるのもいいかも。

---

030 → とぐろ へ

톡으로 해 .

톡だけでもカカオトークの意味になります。「いま手が離せないからカトクしておいて」という感じで使ってみて。

07

忙しい？
◀) TR-07

最近忙しい？

요즘 ㅂ ㅃ ?　　　→

めちゃめちゃ忙しい。

ㄴ ㅁ ㄴ ㅁ 바빠.　　　→

ヒマだよ。

ㅎ ㄱ 해.　　　→

目が回りそう。

ㄴ ㅋ 뜰 새 없어.　　　→

パニックだよ。(精神がない)

ㅈ ㅅ ㅇ 없어.　　　→

031

→

よじゅむ ばっぱ

요즘 바빠 ?

要즘=最近、바빠?=忙しい？
「시간 있어?(時間ある?)」も
一緒に覚えちゃいましょう。

032

→

のむのむ ばっぱ

너무너무 바빠 .

너무(とても)を重ねて強調しています。これを聞いたら「무리하지 마.(無理しないで)」と返してあげるといいかも。

033

→

はんがへ

한가해 .

한가(閑暇)は「時間がある、余裕」という意味。本当は忙しいのに「あなたのためなら時間を作るよ」という気持ちで言う場合もあるみたい。

034

→

ぬんこ っとぅる せ おぷそ

눈코 뜰 새 없어 .

直訳すると「目も鼻も開けるヒマがない」。「息つくヒマもない」という感じでしょうか。使えるとネイティブ度がグンとアップするフレーズです。

035

→

ちょんしに おぷそ

정신이 없어 .

直訳すると「精神がない」。いっぱいいっぱいで何も考えられないときの表現です。何かに夢中で周りが見えなくなっているときにも使えます。

天気 編

Question

イラストに合う韓国語のオノマトペはどれでしょう❓

じりじり

きらきら

ビュービュー

ザーザー

⬇ 選択肢の中から選んでね！

A
ちゅるくちゅるく
주룩주룩

B
せんっせん
쌩쌩

C
ちぇんっちぇん
쨍쨍

D
ぱんっちゃくぱんっちゃく
반짝반짝

こたえは次のページ →

Answer

韓国語ではこう表現するよ❗

ちぇんっちぇん
쨍쨍 C

ぱんっちゃくぱんっちゃく
반짝반짝 D

せんっせん
쌩쌩 B

ちゅるくちゅるく
주룩주룩 A

ほかにも こんなオノマトペがあるよ

しとしと	→	ぽするぽする **보슬보슬**	ぽかぽか	→	たっくんったっくん **따끈따끈**
むしむし	→	ぷくぷく **푹푹**	ポツポツ	→	とくとく **똑똑**
そよそよ	→	さるらんさるらん **살랑살랑**	じめじめ	→	くんじょっくんじょく **끈적끈적**

どう？

ㅇ ㄸ ?

→

ふつう。

ㅂ ㅌ 이야.

→

それほどでも。

ㅂ ㄹ 야.

→

まあまあかな。

ㄱ ㄴ 그래.

→

あいかわらず。

ㅇ ㅈ 해.

→

036
おって

→

어때 ?

「最近(요즘)どう?」と安否を尋ねるときや、感想を尋ねるときに使います。「맛이 어때?(味はどう?)」「어땠어?(どうだった?)」。

037
ぽとんいや

→

보통이야 .

良くもなく悪くもなく。「すごいね〜」とほめられたとき、照れくさそうにこう返すことも。

038
ぴょるろや

→

별로야 .

별로=別に、あまり、そんなに。「그집 냉면 어땠어?(あの店の冷麺、どうだった?)」と聞かれて「いまいち」と言うときなどに。

039
くにゃん ぐれ

→

그냥 그래 .

「요즘 어때?(最近どう?)」と聞かれて「まあまあかな」と答えるときのセリフ。「그럭저럭 지내.(まあまあ元気に過ごしてるよ)」。

040
よじょね

→

여전해 .

「あなた、あいかわらずね」と言うときは「너 여전하구나」。

NUMBER 041

大丈夫？

ㄱ ㅊ 아?

→

NUMBER 042

大丈夫じゃない。

ㅇ 괜찮아.

→

NUMBER 043

どうかした？

ㅇ 그래?

→

NUMBER 044

やつれたね〜。

ㅇ ㄱ 이 상했네.

→

NUMBER 045

余計なお世話よ。

ㅊ ㄱ 하지 마.

→

041 →

くぇんちゃな

괜찮아 ?

困っていたり不安がっている友だちを気遣うセリフ。「心配しないで」は「걱정하지 마.」と言います。

042 →

あん ぐぇんちゃな

안 괜찮아 .

「大丈夫?」と尋ねてこう返ってきたら、怒っているか、深刻な状態か、はたまた冗談で言ってるかも。

043 →

うぇ ぐれ

왜 그래 ?

なんとなく様子がおかしいなと感じたら、こう声をかけてあげて。顔が傷だらけだったら「얼굴이 왜 그래!?(その顔、どした!?)」。

044 →

おるぐり さんへんね

얼굴이 상했네 .

얼굴=顔、상하다=傷む、やつれる。ドラマでよく聞くセリフです。相手の気分を損ねるおそれがあるので、使うときは慎重に。

045 →

ちゃむぎょなじ ま

참견하지 마 .

心配してくれてるのはわかるけど、こう反発したくなることもありますよね。참견=干渉、おせっかい。

NUMBER 046

元気出して！

ㅎ　　ㄴ　！

→

NUMBER 047

大丈夫だよ！

ㄱ　　ㅊ　　ㅇ　！

→

NUMBER 048

心配しないで。

ㄱ　ㅈ 하지 마.

→

NUMBER 049

うまくいくって。

잘 ㄷ　ㄱ　ㅇ .

→

NUMBER 050

がんばろう！

ㅇ　　ㅈ　　ㅇ　ㅈ ！

→

046
→

ひむね

힘내 !

힘내다（力を出す）のためぐち。
落ち込んでいる人を励ますフ
レーズです。「기운 내.（元気出
して）」と言うことも。

047
→

くぇんちゃな

괜찮아 !

これは本当によく使うフレーズ。
困っている人を安心させたり、
気落ちしている人を励ましたり、
とにかく万能なのでぜひ覚えて。

048
→

こくちょんはじ ま

걱정하지 마 .

걱정하다＝心配する、-지 마＝
～するな。不安がっている人に
「私がついてるから安心して」
と言いたいときに。

049
→

ちゃるどぇる こや

잘될 거야 .

잘되다＝うまくいく。友人、恋人
はもちろん、K-POPアイドル
の応援メッセージとしても使っ
てみて。「괜찮아. 잘될 거야.」と
セットでどうぞ。

050
→

あじゃ あじゃ

아자 아자 !

チームで力を合わせるときの掛
け声ですが、二人で目を見つめ
合い両手でガッツポーズをしな
がら言うことも。

40

11

味方する

私がついてるからね。

난 ㄴ ㅍ 이야. →

僕がいるじゃない。

내가 ㅇ ㅈ ㅇ. →

心強いよ。

마음이 ㄷ ㄷ ㅎ. →

応援してるよ。

ㅇ ㅇ ㅎ ㄱ. →

僕が守ってあげる。

내가 ㅈ ㅋ ㅈ ㄱ. →

051

なん に ぴょにや

→

난 니 편이야 .

直訳すると「私はあなたの味方だよ」。支えが必要な友だちがいたら言ってあげて。推しへのエールとしても使えます。

052

ねが いっちゃな

→

내가 있잖아 .

ドラマの有名なセリフです。「-잖아.」は「～じゃん、～でしょう」という意味の語尾表現。

053

まうみ どぅんどぅね

→

마음이 든든해 .

「난 니 편이야.(私がついてるからね)」と言われたらこう応えます。「고마워, 마음이 든든해.(ありがとう、心強いよ)」。

054

うんうぉなるけ

→

응원할게 .

推しがいる人はぜひこの応援メッセージを送ってみて！

055

ねが じきょ じゅるけ

→

내가 지켜 줄게 .

恋愛ドラマの胸キュンフレーズですね。返事は「고마워.(ありがとう)」もしくは「난 괜찮아.(私、大丈夫だから)」。

12

お願い

🔊 TR-12

お願いがあるんだけど…。

ㅂ　ㅌ 이 있는데 ….　→

助けてくれる？

나 좀 ㄷ　ㅇ　ㅈ　ㄹ ?　→

君にしか頼めないんだ。

너 ㅂ　ㅇ　ㅇ　ㅇ .　→

どうかお願い。

제발 ㅂ　ㅌ　ㅇ　ㅇ .　→

頼む！

ㅂ　ㅌ　ㅎ !　→

056

→ ぷたぎ いんぬんで

부탁이 있는데 ….

부탁＝お願い、頼み。하나 (一つ) をつけて「부탁이 하나 있는데 ….」という言い方もあり。

057

→ な じょむ どわじゅるれ

나 좀 도와줄래 ?

ストレートに頼みたいときは「나 좀 도와줘. (助けてちょうだい)」。

058

→ のばっけ おぷそ

너밖에 없어 .

「너밖에 없어.」は「あなたしかいない」という意味で、ドラマのロマンチックなシーンでよく使われます。

059

→ ちぇばる ぶたぎや

제발 부탁이야 .

제발＝どうか、なにとぞ。「부탁이야.」をつけずひたすら両手を合わせて「제발,제발!」と懇願する場合も。

060

→ ぷたけ

부탁해 !

必死さが伝ってきますね。부탁하다 (お願いする、頼む) のためぐち。

13

承諾
🔊 TR-13

了解！

ㅇ ㅇ ㅇ ！　　　　→

当たり前じゃん。

ㄷ ㄱ 이지.　　　　→

オッケー！

ㅇ ㅋ ㅇ ！　　　　→

もちろん。

ㅁ ㄹ 이지.　　　　→

君のためなら。

널 ㅇ ㅎ ㅅ 라면.　　　　→

061 →	あらっそ
	알았어！

直訳すると「わかった」。これに続けて、快く引き受けるときの決まり文句「나한테 맡겨.(私<ruby>に任せて<rt>な は ん て ま っ きょ</rt></ruby>)」を添えれば完璧。

062 →	たんぐにじ
	당근이지．

「当然だよ」を表す「<ruby>당연하지<rt>たんよ な じ</rt></ruby>.」の<ruby>당연<rt>たんよん</rt></ruby>が<ruby>당근<rt>たんぐん</rt></ruby>(ニンジン)の発音と似ていることから生まれたフレーズです。

063 →	おけい
	오케이！

<ruby>오키<rt>お き</rt></ruby>とか<ruby>오키오키<rt>お き お き</rt></ruby>と言ったり、SNSでは「ㅇㅋ」と表記することも。似た表現の「<ruby>콜<rt>こ る</rt></ruby>!(いいね！)」もぜひ覚えて。

064 →	むるろにじ
	물론이지．

<ruby>물론<rt>む る ろん</rt></ruby>＝もちろん。「もちろん、いいよ」と同意や承諾を表すフレーズです。映画や飲みに「行くよね?」と誘われたら、「<ruby>물론<rt>む ろ ろ</rt></ruby><ruby>이지<rt>に じ</rt></ruby>!」。

065 →	のる うぃへそらみょん
	널 위해서라면．

BTSの曲の歌詞の一部にもなっています。好きな人にこんなことを言われたら、とろけてしまいそう。

NUMBER ― 066

勝て〜！

ㅇ　ㄱ　ㄹ　**！**　→

NUMBER ― 067

がんばれ〜！

ㅎ　ㄴ　ㄹ　**！**　→

NUMBER ― 068

ファイト！

ㅍ　ㅇ　ㅌ　**！**　→

NUMBER ― 069

いいぞ〜！

ㅈ　ㅎ　ㄷ　**！**　→

NUMBER ― 070

よっしゃ〜！

ㅈ　ㅇ　ㅇ　**！**　→

066 →	いぎょら 이겨라 !	「이기다 (勝つ)」の命令形です。「이겨라! 이겨라! 우리 선수!(われらが選手!)」と大声で応援すると気持ちいいですよ。
067 →	ひむねら 힘내라 !	힘＝力、내라＝出せ、で「がんばれ」という意味。落ち込んでいる人を励ますときはガッツポーズつきで「힘내라! 힘내라!」と言ってあげましょう。
068 →	ぱいてぃん 파이팅 !	「화이팅!」とも言います。もっと短く「팟팅」とか「홧팅」と言うことも。
069 →	ちゃらんだ 잘한다 !	試合で選手がナイスプレーをしたときや、日常でも「うまい!上手!」と相手をほめるときに使います。
070 →	ちょあっそ 좋았어 !	ガッツポーズをしながら言えば「よっしゃ〜」だし、映画や旅行の感想を聞かれて答えるときは「良かったよ」の意味に。

オノマトペクイズ

その2

Question

イラストに合う韓国語のオノマトペはどれでしょう❓

ピンポーン 	パチパチパチ 
キキーッ 	チクタクチクタク 

⬇ 選択肢の中から選んでね！

A
ちゃくちゃくちゃく
짝짝짝

B
てぃんどん
딩동

C
とくたくとくたく
똑딱똑딱

D
きいく
끼익

こたえは次のページ →

Answer

韓国語ではこう表現するよ❗

てぃんどん
딩동 B

ちゃくちゃくちゃく
짝짝짝 A

きいく
끼익 D

とくたくとくたく
똑딱똑딱 C

ほかにも こんなオノマトペがあるよ

ゴロゴロドーン（雷）	→	うるるん くぁんくぁん **우르릉 쾅쾅**	ピーポーピーポー	→	びっぽっびっぽ **삐뽀삐뽀**

ゴロゴロドーン
（雷） → うるるん くぁんくぁん **우르릉 쾅쾅**

ピーポー
ピーポー → びっぽっびっぽ **삐뽀삐뽀**

ガッシャーン → くぁだん **꽈당**

チャポン → ぽんだん **퐁당**

リンリン
（電話のベル） → たるるん **따르릉**

ガチャン → ちぇんぐらん **쨍그랑**

15

NUMBER
071

よくやった！

ㅈ　ㅎ　ㅇ　！

→

NUMBER
072

すごい！

ㄷ　ㄷ　ㅎ　！

→

NUMBER
073

あなたって最高！

넌　ㅊ　ㄱ　ㅇ　！

→

NUMBER
074

めっちゃカッコいい！

완전　ㅁ　ㅈ　！

→

NUMBER
075

鳥肌立った！

ㅅ　ㄹ　！

→

071

→

ちゃれっそ

잘했어 !

잘하다（上手だ）の過去形。「がんばったね、お疲れさま」とねぎらうときや、親が子どもに「よくできたね〜」とほめるときにも使えます。

072

→

てだね

대단해 !

感動したときや、相手をほめたたえるときに使えるフレーズ。目上の人には「대단하시네요！（すごいですね）」と言いましょう。

073

→

のん ちぇごや

넌 최고야 !

友だちがすばらしい成果をあげたときや、特別な頼みをきいてくれたときに使ってみて。

074

→

わんじょん もっちょ

완전 멋져 !

완전＝完全に。若い人が「ものすごく」という意味で使います。멋지다＝カッコいい、クールだ。

075

→

そるむ

소름 !

使い方は日本語と同じ。恐怖を感じたときだけでなく、すばらしいパフォーマンスを目にして感動のあまり発するひと言。

すばらしい！

ㅎ　ㅅ　ㅈ 이다！ →

最高！

ㅇ　ㅅ 이다！ →

斬新！

ㅊ　ㅅ 하다！ →

画期的！

ㅅ　ㅂ 하다！ →

プロ並み。（専門家顔負けだ）

전문가 ㅃ　ㅊ　ㄴ． →

076 → **ふぁんさんじょぎだ** **환상적이다！**	直訳すると「幻想的だ」。料理の味に感動したときは「맛이 환상적이었어！（すばらしい味だった）」。
077 → **いぇすりだ** **예술이다！**	直訳すると「芸術だ」ですが、アートに限らず、料理や目鼻立ち、スタイルなど「すごい！」と思ったものなら何にでも使うことができます。
078 → **ちゃむしなだ** **참신하다！**	最先端のデザインや独創的なアイディアに感動したときのセリフ。反対の表現は「진부하다.（古臭い）」。
079 → **しんばかだ** **신박하다！**	「新しくて画期的！」「ユニークで最高！」といった意味の最近はやりの若者言葉。
080 → **ちょんむんが っぴゃむちね** **전문가 빰치네．**	전문가＝専門家、빰치다＝顔負けだ。「전문가」を「가수（歌手）」などに置きかえることもできます。

17

感謝

NUMBER 081

ありがとう。

ㄱ ㅁ ㅇ . →

NUMBER 082

サンキュ～。

ㄸ ㅋ . →

NUMBER 083

ありがとね。

ㄱ ㅅ 해용 . →

NUMBER 084

ご苦労さま。

ㅅ ㄱ 했어 . →

NUMBER 085

がんばったね。

ㅇ ㅆ ㄷ . →

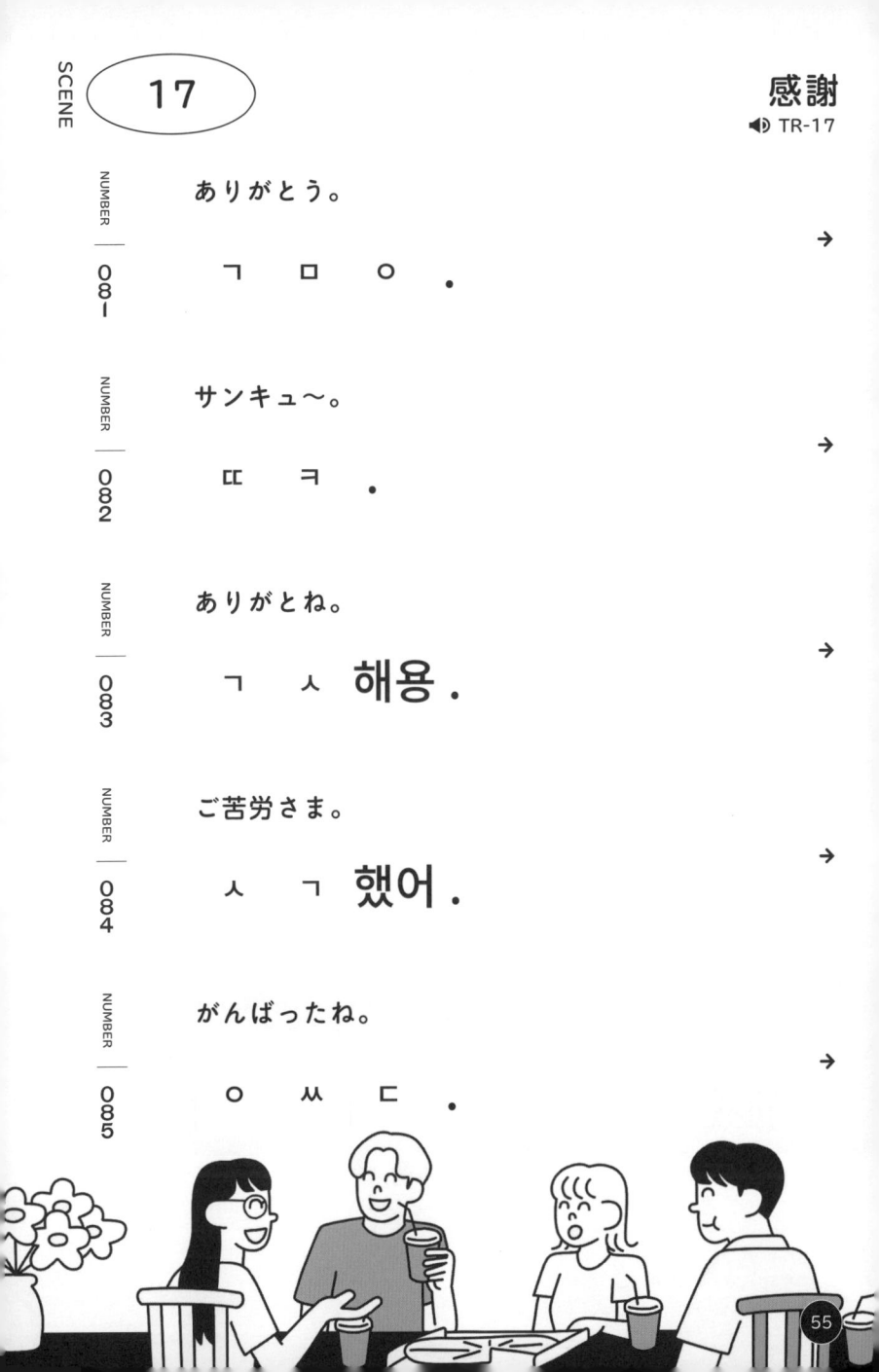

| 081 → | こまうぉ

고마워 . | 目上の人には「고맙습니다.(あ
りがとうございます)」または
「감사합니다.(ありがとうござ
います)」と言いましょう。 |

| 082 → | てんきゅ

땡큐 . | 英語のThank youをハングル
で表したもの。チャットなどで
よく使われます。 |

| 083 → | かむさへよん

감사해용 . | 감사=感謝。きちんとした丁寧
語は「감사해요.」です。これに
語尾の「용」を加えることで、か
わいらしくフレンドリーな響き
になります。 |

| 084 → | すごへっそ

수고했어 . | 相手をねぎらうときの決まり文
句。もう少し丁寧に言いたいと
きは「수고하셨어요.(おつかれ
さま)」。 |

| 085 → | えっそった

애썼다 . | 애쓰다(がんばる、苦労する)の
過去形。「私のためにがんばっ
てくれてありがとう」という感
謝の気持ちが込められています。 |

NUMBER ── 086

誕生日おめでとう！

생일 ㅊ ㅎ ㅎ ！ →

NUMBER ── 087

今日もお幸せに。

오늘도 ㅎ ㅂ ㅎ ． →

NUMBER ── 088

おめでとう！

ㅊ ㅋ ㅊ ㅋ ！ →

NUMBER ── 089

やったね。

ㅈ ㄷ ㄷ ． →

NUMBER ── 090

おごってよ。

ㅎ ㅌ 내 ． →

086

せんいる ちゅかへ

생일 축하해 !

生日＝誕生日、축하해＝おめでとう。생일を結婚（結婚）や卒業（卒業）など、いろいろな単語に置き換えて使ってみて。

087

おぬるど へんぼけ

오늘도 행복해 .

誕生日など特別な一日をお祝いするフレーズ。大好きな人に「（一緒にいられて）今日も幸せ」と伝えるあいさつ言葉としても使えます。

088

ちゅかちゅか

추카추카 !

축하（祝賀）の音を2つ並べたもので、若い人がよく使います。ネットでは「ㅊㅋㅊㅋ」。もっと簡単に「ㅊㅋ」と書くこともあります。

089

ちゃるどぇった

잘됐다 .

昇進や試験合格などをお祝いする言葉。진짜をつけて「진짜 잘됐다.（本当によかったね）」もおすすめ。

090

はんとんね

한턱내 .

韓国には、昇進やプロポーズ成功などうれしいことがあると周りの人におごるという習慣があります。うらやましいな、と思ったらこのセリフで祝福を。

NUMBER ─ 091

今日ヒマ？

오늘 ㅅ ㄱ ㄷ ？　　→

NUMBER ─ 092

仕事、何時に終わる？

일 ㅇ ㅈ ㄲ ㄴ ？　　→

NUMBER ─ 093

飲みに行こうよ。

ㅎ ㅈ ㅎ ㅈ ．　　→

NUMBER ─ 094

一緒に遊ぼう。

같이 ㄴ ㅈ ．　　→

NUMBER ─ 095

ちょっと集まらない？

ㅂ ㄱ 할래？　　→

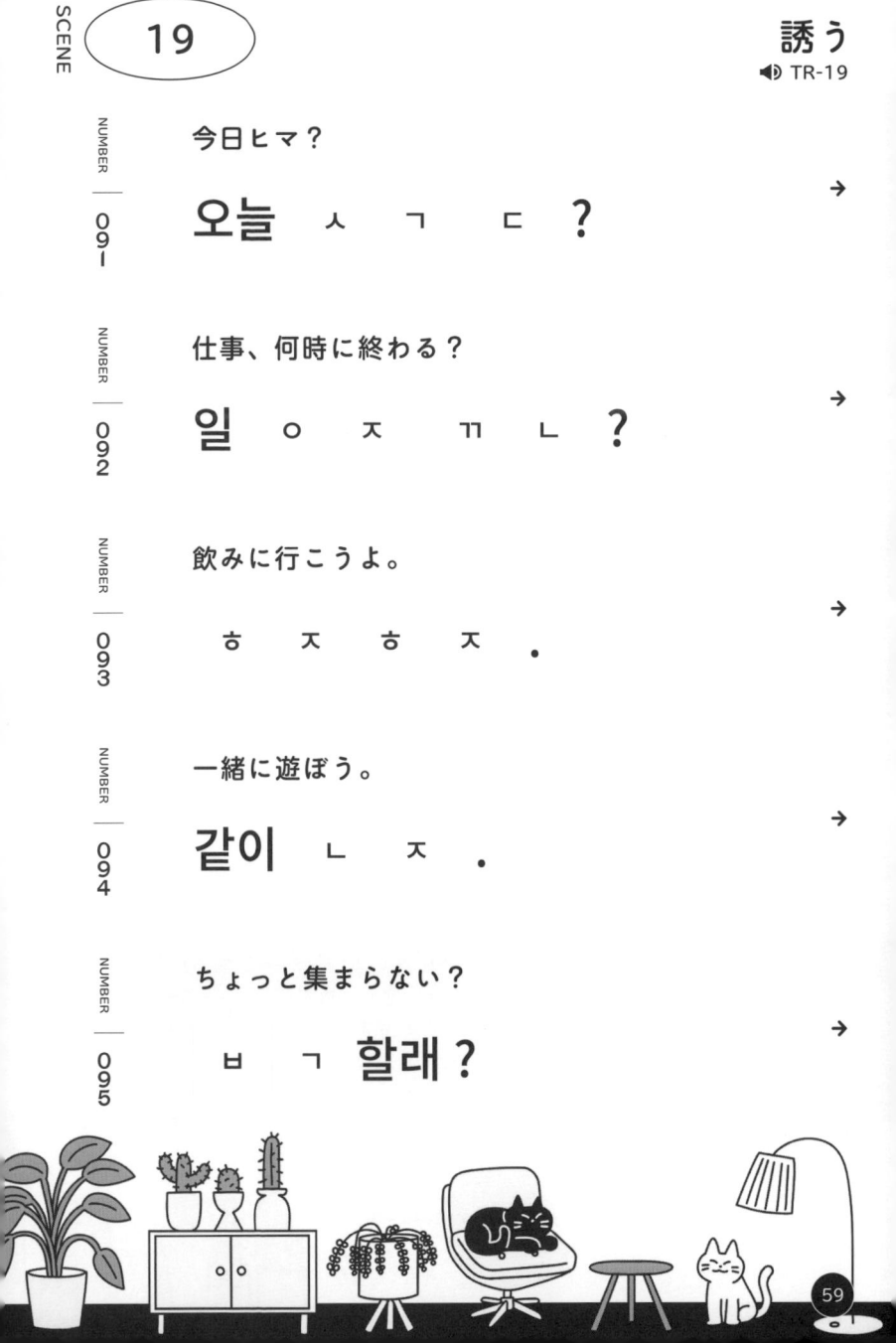

091

→

おぬる しがん どぇ

오늘 시간 돼?

오늘＝今日、시간 돼＝時間が出来る（時間がある）のためぐち。断り文句は「시간이 안 돼.（時間ない）」。

092

→

いる おんじぇ っくんな

일 언제 끝나?

일＝仕事、언제＝いつ、끝나다＝終わる。일は수업（授業）、동아리（部活）、알바（バイト）などに置き換えられます。

093

→

はんじゃなじゃ

한잔하자.

한잔＝一杯する、-하자は～しよう、という勧誘表現。日本語でも「一杯やろう」って言いますよね。

094

→

かち のるじゃ

같이 놀자.

같이＝一緒に、놀자＝遊ぼう。ここでも勧誘表現「-자」が使われています。

095

→

ぽんげはるれ

번개할래?

번개＝（稲妻）＋하다（する）で「突発的に集まる」という意味になります。급만남 가질래？（今から会わない？）とも言います。

NUMBER 096

どうしようかな…。

ㅇ　ㅉ　ㅈ　・・・.

→

NUMBER 097

ごめん。

ㅁ　ㅇ　ㅎ　.

→

NUMBER 098

今日はムリ。

오늘은　ㅇ　ㄷ　.

→

NUMBER 099

次は必ず行くから。

다음엔　ㄲ　ㄱ　ㄱ　.

→

NUMBER 100

お酒やめたんだ。

나　ㅅ　ㄲ　ㅇ　ㅇ　.

→

096 →	おっちょじ	気が乗らないけど断るのもなぁ…というときの場つなぎフレーズ。

어쩌지….

---

097 →	みあね	フランクな感じで断りたいときはこれ。「나랑 결혼해 줘.(結婚して)」。そんなこと急に言われても「미안해.」ですよね。

미안해 .

---

098 →	おぬるん あん どぇ	誘ってくれてありがたいけど…といったニュアンス。きっぱり断るときは「싫어.(イヤだ)」。

오늘은 안 돼 .

---

099 →	たうめん っこっ かるけ	다음엔は다음에는の縮約形です。꼭=必ず、갈게=行くよ。婉曲な断りの表現。

다음엔 꼭 갈게 .

---

100 →	な する っくのっそ	飲みに誘われたけど断りたいときに。「(体質的に)お酒が飲めない」と言うときは「나 술 못 해.」と言います。

나 술 끊었어 .

21

しかたない

🔊 TR-21

しかたないね。

ㅇ ㅉ 수 없어. →

しゃあない。

ㅎ ㅅ 없지. →

そういうもんだよ。

ㄱ ㄹ ㄱ ㅈ 뭐. →

しょうもない。

ㅁ 말려. →

またかよ。

ㄸ ㅇ ? →

101

→

おっちょる す おぷそ

어쩔 수 없어 .

努力したけどダメだったというときに。「이제 와서 후회해도 어쩔 수 없어.(今さら後悔してもしかたない)」。

102

→

はる す おぷち

할 수 없지 .

「어쩔 수 없어.(しかたないね)」に比べると、無念さや残念さは軽め。「회사 일이라는데 할 수 없지.(仕事ならしゃあない)」。

103

→

くろん ごじ むぉ

그런 거지 뭐 .

뭐はここでは「何」という意味ではなく、「しょうがない」「あきらめた」という気持ちが込められたものです。人生なるようにしかなりません。

104

→

もん まるりょ

못 말려 .

制止できない→手に負えない→あきれた、という意味。友だちがくだらないジョークを言ったらこのセリフでツッコんであげて。

105

→

とや

또야 ?

또は何かがくり返し起きたときの「また」です。同じ話を何度も聞かされたときや同じものばかり食べている友だちがいたら使ってみては？

オノマトペクイズ

その3

動物 編

イラストに合う韓国語のオノマトペはどれでしょう？

ワンワン

ニャーニャー

モー

ブーブー

⬇ 選択肢の中から選んでね！

A
うめめ
음매

B
もんもん
멍멍

C
くるっくる
꿀꿀

D
やおんやおん
야옹야옹

こたえは次のページ →

Answer

韓国語ではこう表現するよ❗

もんもん
멍멍
B

やおんやおん
야옹야옹
D

うむめ
음매
A

くるっくる
꿀꿀
C

ほかにも こんなオノマトペがあるよ

ミーンミーン → めむめむ
맴맴

コケコッコー → こっきお
꼬끼오

ピョンピョン → かんちゅんっかんちゅん
깡충깡충

クックー → くぐぐぐ
구구구구

ゲロゲロ → けぐるげぐる
개굴개굴

ガオーッ → おふん
어흥

わからない
🔊 TR-22

わからない。

ㅁ ㄹ ㄱ 어. →

知らん。

ㅁ ㄹ . →

よくわからないけど。

잘 ㅁ ㄹ ㄱ 는데. →

知らなかった。

난 ㅁ ㄹ ㅇ . →

なんだって？

ㅁ ㄹ ? →

#	韓国語	説明

106
→
もるげっそ

모르겠어 .

一生懸命考えたけど、答えが見つからないときに。

107
→
もるら

몰라 .

かなりそっけない言い方なので、状況によっては冷たい感じに聞こえてしまうかも。使うときは要注意。

108
→
ちゃる もるげんぬんで

잘 모르겠는데 .

困惑したときや自信をもって答えられないときの角が立たない言い方です。

109
→
なん もるらっそ

난 몰랐어 .

何か教えてもらったり気づいたとき「そうだったんだ」という気持ちで使います。난は나는の縮約形、몰랐어は모르다 (知らない) の過去形です。

110
→
むぉれ

뭐래 ?

ドラマでよく聞くセリフです。「バカなこと言わないで」「意味わかんない」といったニュアンスで使います。

体調を気遣う

🔊 TR-23

具合悪そう。

어디 ㅇ ㅍ ? →

顔色悪いよ。

ㅇ ㅅ 이 안 좋다 . →

無理しないで。

ㅁ ㄹ ㅎ ㅈ 마 . →

風邪に気をつけて。

ㄱ ㄱ 조심해 . →

お大事に。

ㅁ ㅈ ㄹ 잘 해 . →

111 →	**おでぃ あぱ** # 어디 아파 ?	直訳すると「どこか痛い？」ですが、아프다には「具合が悪い」の意味もあります。ドラマで耳にする「아프지 마.」は「体に気をつけて」という意味。
112 →	**あんせぎ あん じょた** # 안색이 안 좋다 .	안색＝顔色、안 좋다＝良くない。この場合、나쁘다(悪い)は使いません。
113 →	**むりはじ ま** # 무리하지 마 .	무리하다＝無理する、-지 마＝～しないで。ついがんばりすぎてしまう友人に。「푹 쉬어.(ゆっくり休みな)」もぜひ覚えて。
114 →	**かむぎ じょしめ** # 감기 조심해 .	감기＝風邪、조심해＝気をつけて。「건강 조심하세요.」だと「健康に気をつけて＝ご自愛ください」の意味になります。
115 →	**もむじょり じゃ れ** # 몸조리 잘 해 .	몸조리＝健康管理、잘 해＝良くして。合わせて「お大事に」という意味です。目上の人には「몸조리 잘 하세요.(お大事になさってください)」。

あのね。

ㅇ　ㅈ　ㅇ ．

→

これはないしょだけど。

이건　ㅂ　ㅁ 인데 ．

→

ねえ、聞いた？

그 얘기　ㄷ　ㅇ　ㅇ ？

→

ほんとなの！?

ㅈ　ㅉ 야!?

→

しっ！　秘密だよ。

쉿！　ㅂ　ㅁ 이야 ．

→

| 116 → | いっちゃな

있잖아 . | 直訳すると「あるでしょ」。相手の注意を引きたいときや話の前置きに使います。「있지.(ねえねえ)」も同様です。 |

| 117 → | いごん びみりんで

이건 비밀인데 . | 이건は이거는の略で「これは」。비밀=秘密、-인데=～だけど。親しい間柄に秘密はつきもの。「우리끼리 얘긴데.(ここだけの話だけど)」もどうぞ。 |

| 118 → | く いぇぎ どぅろっそ

그 얘기 들었어 ? | 直訳すると「その話聞いた?」前に「근데(ところで)」をつけると「話は変わるけど」の意味になります。 |

| 119 → | ちんっちゃや

진짜야 !? | 思いがけない話を耳にしたらこう確かめたくなりますよね。ちなみに「ウソでしょ!?」は「거짓말이지!?」と言います。 |

| 120 → | すいっ ぴみりや

쉿 ! 비밀이야 . | 「ほんとなの!?」と聞き返されたら声をひそめて「쉿!(しっ!)비밀이야.(秘密だよ)」。でもこんな秘密、黙ってられるかな。 |

25　　　　　　　　　　おいしそう

NUMBER 121

おいしそう！

ㅁ　　ㅇ　ㄱ　　ㄷ ． →

NUMBER 122

これ、おいしいよ。

이거 ㅁ　ㅇ　ㅇ ． →

NUMBER 123

食べてみて。

ㅁ　ㅇ 봐 ． →

NUMBER 124

おいしいでしょう？

ㅁ　ㅇ　ㅈ ？ →

NUMBER 125

おいしい！

ㅁ　ㅇ　ㄷ ！ →

121

→

ましっけった

맛있겠다.

맛있다（おいしい）に、推測を表す -겠다（〜そうだ）をつけたフレーズです。「めちゃおいしそう」は「너무 맛있겠다.」と言います。

122

→

いご ましっそ

이거 맛있어.

他の人に「これおいしいよ」とお勧めするときに使います。「それはおいしくないよ」は「그건 맛없어.」です。

123

→

もご ぽぁ

먹어 봐.

手料理を試食してもらうときや、おいしかったからお勧めするときに。丁寧な言い方は「먹어 봐요.」またはより丁寧に「먹어 보세요.」です。

124

→

ましっち

맛있지？

맛있다（おいしい）に念押しの -지？（〜でしょ？）。こう聞かれたら「いまいち」な場合でも「괜찮은데？（悪くない＝いいね）」と答えてあげて。

,125

→

ましった

맛있다！

おいしかったら素直にこの一言。「맛있어.」とも言います。お店の方や訪問先の家族には「맛있어요.（おいしいです）」と言いましょう。

どっか行くの？

🔊 TR-26

NUMBER 126

どっか行くの？

ㅇ ㄷ 가? →

NUMBER 127

うん、ちょっとそこまで。

응, ㅇ ㄷ ㅈ 가. →

NUMBER 128

お出かけ？

ㄴ ㄷ ㅇ 가? →

NUMBER 129

いや、なんとなくね…。

아니, ㄱ ㄴ …. →

NUMBER 130

ちょっと気分転換に。

ㅂ ㄹ 좀 ㅆ ㄹ . →

126 →

おでぃ か

어디 가 ?

行き先を尋ねるときは어디を強調して発音しますが、単なるあいさつの場合は가?を強く発音します。

127 →

うん おでぃ じょむ か

응 , 어디 좀 가 .

どこか行くのか尋ねられて、伝えるほどの場所ではないときの答え方。「うん」は韓国語でも「응」です。

128 →

な どぅり が

나들이 가 ?

나들이はちょっとしたお出かけのこと。ですので、나들이 옷というと「よそ行きの服」を意味します。

129 →

あに くにゃん

아니 , 그냥 … .

詳しく説明するほどでもないときに。아니＝いや、그냥＝何となく。こういうあいまいな言葉ほどよく使うんですよね。

130 →

ぱらむ じょむ っすぇろ

바람 좀 쐬러 .

바람＝風、쐬다＝浴びる。外に出て気分転換することをいいます。根を詰めてばかりじゃなく、適度にリフレッシュしましょう。

ためぐちで話そう

(目上の人に対して) ためぐちでお願いします。

ㅁ ㅆ 놓으세요. →

ためぐちでいいですか?

ㅁ ㄴ ㄷ 돼요? →

同い年だしね。

ㄷ ㄱ 이잖아. →

ためぐちでいこう。

ㅂ ㅁ 트자. →

無礼講だ!

ㅇ ㅈ ㅌ ㅇ ! →

131

→ まるっすむ のうせよ

말씀 놓으세요 .

直訳すると「言葉を置いてください」。目上の人に対して「敬語を使わないでください」という意味です。

132

→ まる ぬぉど どぇよ

말 놔도 돼요 ?

同い年や年下の人と親しくなりたいなら、まずはこのフレーズで距離を縮めよう。

133

→ とんがびじゃな

동갑이잖아 .

동갑(同い年）だとわかったらためぐちで話すのもいいものです。ちなみに、干支が同じ人のことを「띠（干支）동갑」といいます。

134

→ ぱんまる とぅじゃ

반말 트자 .

반말（パンマル）を使って言うならこう。ためぐちも、最初はぎこちなく感じますが、慣れてくるとやみつきになります。

135

→ やじゃたいむ

야자타임 !

야자타임とは、上下関係を気にせず話せる時間のこと。職場の飲み会などでよくやるゲームの一種です。야자は造語で、야＝おい、-자＝～しよう。

NUMBER 136

まあ、かわいい！

아구 ㅇ ㅃ ㄹ !　→

NUMBER 137

大きくなったね。

많이 ㅋ ㄴ .　→

NUMBER 138

宿題やった？

숙제 ㄷ ㅎ ㅇ ?　→

NUMBER 139

早く寝なさい。

얼른 ㅈ ㅇ ㅈ .　→

NUMBER 140

痛いの痛いの飛んでけ〜。

엄마 손은 ㅇ ㅅ .　→

#	あぐ いっぽら	小さい子やペットなどに「かわいいね」と声かけるときに使います。「아이구 예뻐라！」のかわいらしい言い方で、「귀여워라！」とも言います。

136
→

아구 이뽀라！

小さい子やペットなどに「かわいいね」と声かけるときに使います。「아이구 예뻐라！」のかわいらしい言い方で、「귀여워라！」とも言います。

137
→

まに こんね

많이 컸네．

よその子の成長は早く感じるもの。ひさしぶりに会ったら親しみと驚きを込めて言ってみて。

138
→

すくちぇ だ へっそ

숙제 다 했어？

大学受験が一大事の韓国。ドラマでも両親や先生の口からよく出てくるフレーズです。実際に日常会話でもよく使われます。

139
→

おるるん じゃやじ

얼른 자야지．

独り言なら「早く寝なきゃ」、夜ふかしの子どもに言うと「早く寝なさい」の意味に。返事は「네, 안녕히 주무세요．(はい、おやすみなさい)」。

140
→

おむま そぬん やくそん

엄마 손은 약손．

そのまま訳すと「お母さんの手は薬の手」。痛い部分を優しくさすってあげるのは日本と同じですね。

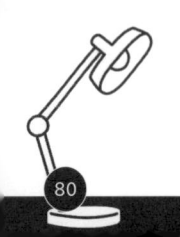

TAMEGUCHI
PHRASE for
KOREAN
CHAPTER 2

感情豊かに

COLUMN

2

子音略語

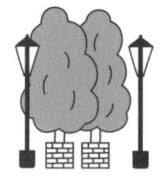

子音略語のいいところは、簡単にサクッと伝えられること。タイピングも楽だし、会話のテンポも良くなります。それに、カジュアルで親しみやすい雰囲気を出せるので、友だちとのやり取りやSNSで使うのにピッタリなんですよ！

1	ㅋㅋㅋ	www	ヨヨヨの略。ㅎㅎㅎも同様。
2	ㅇㅋ	OK	オケイの略。
3	ㅜㅜ	泣	号泣は「ㅠㅠ」。
4	ㄱㄱ	GoGo	ゴゴの略。
5	ㅇㅅㅇ	ウケる	ウスウォの略。
6	ㄱㅅ	ありがとう	感謝の略。
7	ㅇㄱㄹㅇ	これはマジで	イゴレアル（これがリアル）の略。
8	ㅅㄱ	乙	スゴ（お疲れさま）の略。
9	ㅊㅋㅊㅋ	おめでとう	チュカチュカの略。
10	ㄷㄷ	ガクブル	トルトルの略。
11	ㅈㅅ	ごめん	罪悚の略。
12	ㄱㄴㅈ	今向かってる	行く中（行く途中）の略。

NUMBER 141

うんうん。

ㅇ ㅇ.

NUMBER 142

うわ〜！

ㅇ ㅇ ㄱ ！

NUMBER 143

え〜、そんなあ。

ㅇ ㅇ.

NUMBER 144

まったくだ。

ㄴ ㄱ 아니래.

NUMBER 145

そうだったんだ。

ㄱ ㄹ ㄱ ㄴ.

141 →	うんうん **응응 .**	友だちや年下の人と話すときの あいづち。日本語の「うんうん」 と同じですね。
142 →	あいご **아이고 !**	驚いたとき、あきれたとき、疲 れたとき、嘆き悲しむとき…、 いろんな感情を表すセリフです。 短く「에구!」とか「에고!」と言 うことも。
143 →	えい **에이 .**	失望や驚きを表す感嘆詞。「에 이, 설마! (え〜、まさか!)」と か「에이, 거짓말. (え〜、嘘)」な ど信じたくないときに使います。
144 →	ぬが あにれ **누가 아니래 .**	自信をもって相手の言葉に同 意するときのあいづち。似た意 味で「그러게 말이야. (そのとお り)」もあります。
145 →	くれっくな **그랬구나 .**	相手の話を聞いて「なるほどね 〜」という感じのあいづちです。

NUMBER 146

え〜と。

| ㅇ | 〜.

→

NUMBER 147

あれ、なんだっけ？

그, | ㅁ | ㅈ | ?

→

NUMBER 148

なんだっけ？

| ㅁ | ㄷ | ㄹ | ?

→

NUMBER 149

あっ！

| ㅊ | ！

→

NUMBER 150

あ、そうだ！

아, | ㅁ | ㄷ | ！

→

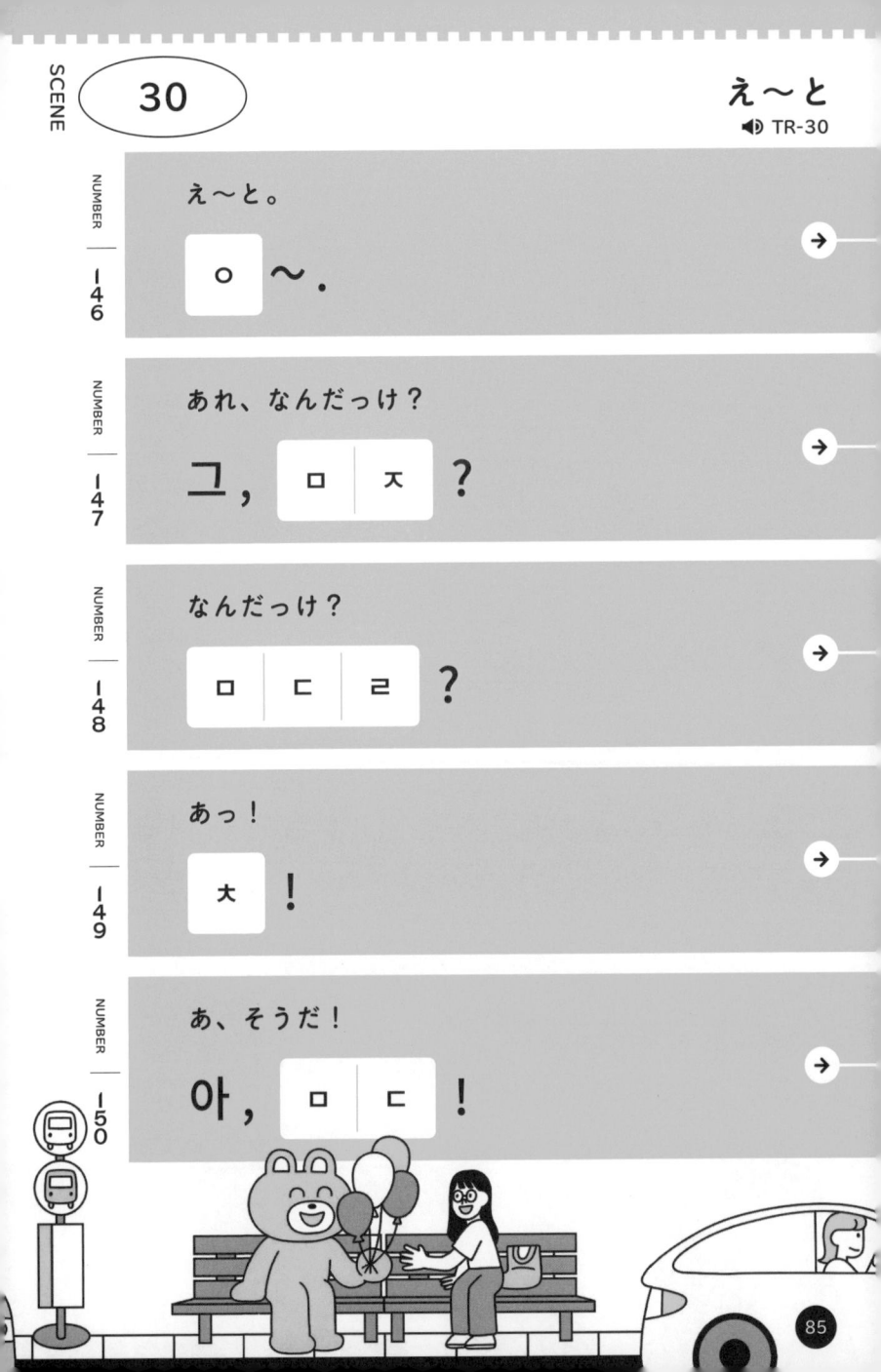

| 146 → | お
어~. | 言葉がすぐに出てこないときや何かを考えているときのひと言。「음~.（う〜ん）」も同じ意味です。 |

| 147 → | く むぉじ
그, 뭐지? | 物の名前を忘れたときや、単語が出てこなかったときに使えるつなぎ言葉。 |

| 148 → | むぉどら
뭐더라? | 「たしか宿題あったよね、뭐더라?(なんだっけ?)」といった感じで使います。「なんだったっけ?」なら過去形の「뭐였지?」になります。 |

| 149 → | ちゃむ
참! | 참は「真の」という意味ですが、何かを思い出したときなどに口をついて出てくるひと言。試しに手を打ちながら言ってみて。 |

| 150 → | あ まった
아, 맞다! | 「インコにエサやった?」「아, 맞다!(あ、そうだ!)」のように、話していて何かを思い出したときのひと言。 |

NUMBER — 151

なるほど。

| ㄱ | ㄹ | ㄱ | ㄴ |

. →

NUMBER — 152

どおりで。

| ㅇ | ㅉ | ㅈ |

. →

NUMBER — 153

言われてみれば。

| ㅎ | ㄱ | 그러네 .

→

NUMBER — 154

さすが〜！

| ㅇ | ㅅ | 〜 !

→

NUMBER — 155

そうだと思った。

| ㄱ | ㄹ | ㅈ | 알았어 .

→

151

→

くろくな

그렇구나.

相手の話を理解したときのあいづち。悩み事を打ち明けてくれた友だちに心配そうに言ってあげると「そうなんだね」と共感する感じが伝わります。

152

→

おっちょんじ

어쩐지.

相手の話を聞いて、合点がいったときのあいづち。「英語がうまいと思ったら、帰国子女なんだって」「어쩐지.（どおりで）」のように使います。

153

→

はぎん くろね

하긴 그러네.

하긴＝そういえば、그러네＝そうだね。合わせると「言われてみればそうだね」と軽い納得を表すフレーズです。

154

→

よくし

역시 ~ !

ほめたり、ヨイショするときのの掛け声。「역시 우리 아들.（さすが、うちの息子）」のように子どもを大げさにほめるときにも。

155

→

くろる ちゅる あらっそ

그럴 줄 알았어.

「予想どおり」といったニュアンス。ドラマでは「내 그럴 줄 알았어.（俺が思ったとおりだ）」のように使われます。

Menu
coffee …
latte …
doughnut …
pie …

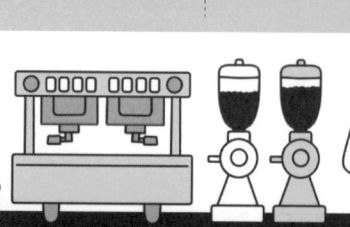

それ、それ！

ㅁ ㅇ , ㅁ ㅇ ！ →

私も。

ㄴ ㄷ . →

大変だったね。

ㅎ ㄷ ㅇ 겠다 . →

びっくりしたよね。

ㄴ ㄹ ㄱ ㄷ . →

その気持ちわかる。

그 ㄱ ㅂ 알아 . →

156 →	まじゃ まじゃ **맞아 , 맞아 !**	맞아=そう、そのとおり。「まさか逆転勝ちするとはね」「맞아, 맞아!(そう、そう!)。びっくりしたよね」のように使います。

157 →	など **나도 .**	나=私、-도=〜も。「私、推しの新曲大好き!」と言われたらまさに「나도!」。

158 →	ひむどぅろっけった **힘들었겠다 .**	힘들다=大変だ、-었겠다=〜だっただろう(過去の推測)。「残業でへとへと」「힘들었겠다.(大変だったね)」と寄り添う感じ。

159 →	のるらっけった **놀랐겠다 .**	놀라다=驚く。「슬프겠다.(悲しいよね)」「속상했지?(悔しかったよね)」。コミュニケーションにおいて共感はすごく大事!

160 →	く ぎぶん あら **그 기분 알아 .**	알아=わかる。気持ちをわかってもらえるだけでも慰められますよね。

33

え〜！

🔊 TR-33

え〜！

ㅁ ? →

どうして？

ㅇ ? →

マジ？

ㅈ | ㅁ ? →

嘘でしょ？

ㄱ | ㅈ | ㅁ 이지 ? →

冗談でしょ？

ㄴ | ㄷ 이지 ? →

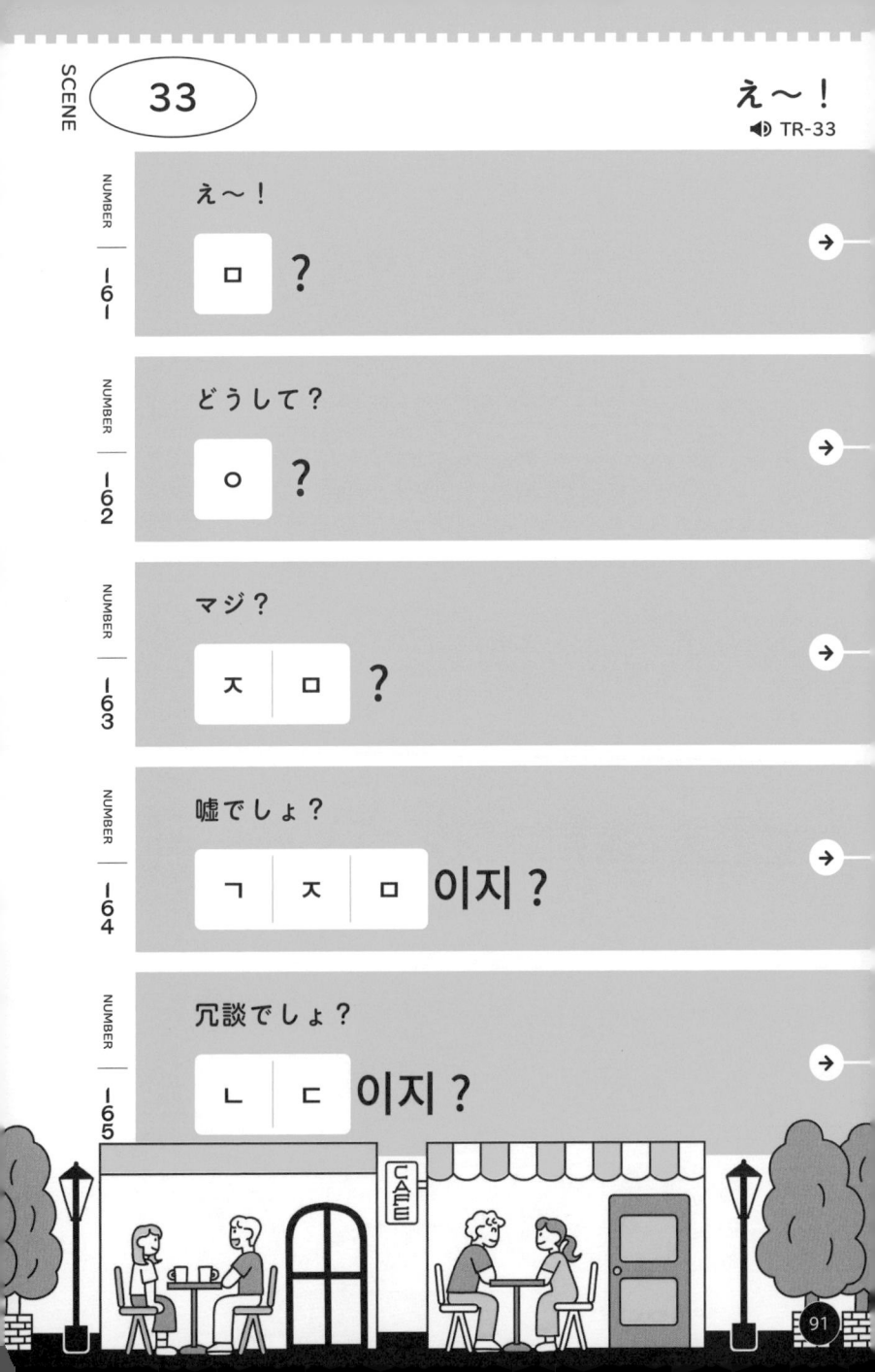

161 →	むぉ 뭐?	直訳すると「何?」。相手の言葉が理解できなかったり、驚いたりしたとき、思わず出てくるひと言。
162 →	うぇ 왜?	왜=なぜ、なんで、どうして。親しい人に話しかけられたとき、「왜?」と言いながら振り向きます。「どうした?」という感じですね。
163 →	ちょんまる 정말?	정말=本当。これに -이다(〜だ)のためぐち語尾 -이야?をつけて、「정말이야?(本当なの?、マジで?)」と言うことも。
164 →	こじんまりじ 거짓말이지?	「嘘でしょ? からかわないで」というニュアンス。거짓말=嘘。「뻥치지 마.(嘘を言わないで)」「구라 치지 마.(嘘はよして)」もドラマでよく耳にします。
165 →	のんだみじ 농담이지?	농담=冗談。「僕たち、今日結婚しよう」「농담이지?(冗談でしょ?)」

なんてこった！

ㅅ | ㅅ | ㅇ ！

まさか！

ㅅ | ㅁ ！

そんなわけない！

ㄱ | ㄹ | ㄹ 가 없어 ！

信じられない。

ㅁ | ㄱ | ㅈ 않아 .

マジかよ。

이거 ㅅ | ㅎ 냐 ？

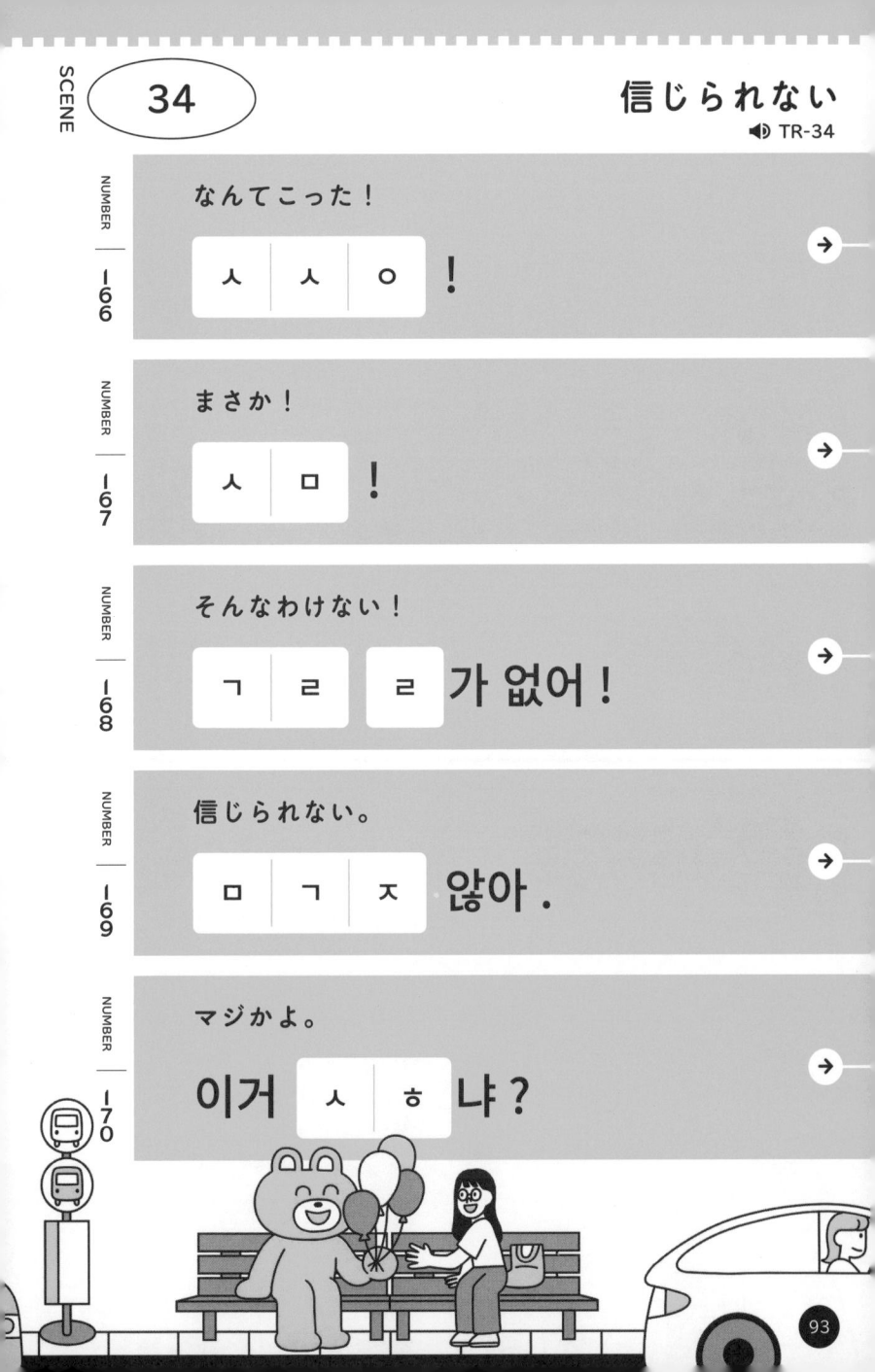

166 →	せさんえ **세상에!**	세상에は直訳すると「世の中に」。英語の「Oh my gosh!」に近いですね。
167 →	そるま **설마!**	驚くような出来事を見聞きして「ありえない」という思いで口にするセリフ。「설마 그럴 리가. (まさかそんなはずないよね)」。
168 →	くろる りが おぷそ **그럴 리가 없어!**	受け入れがたい出来事に遭遇して混乱しているときのセリフ。たとえば、空港に着いたらパスポートがない! そんなときにどうぞ。
169 →	みっきじ あな **믿기지 않아.**	メディアや友だちから思いがけないニュースを聞いたときのひと言。「韓国人初のノーベル文学賞受賞!」「믿기지 않아. (信じられない)」。
170 →	いご しるぁにゃ **이거 실화냐?**	直訳すると「これ実話なの?」驚いたときや信じられないときのひと言。広告にもよく使われます。「こんなに安いなんて、マジ?」。

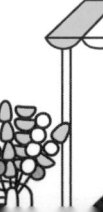
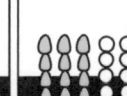

35　　　かわいがる
🔊 TR-35

よちよち♡

| ㅇ | ㅉ | ㅉ |

→

あらあら♡

| ㅇ | ㄱ | ㅇ | ㄱ |

→

なでなで。

| ㅂ | ㅂ | ㅂ |

→

なでなで。

| ㅆ | ㄷ | ㅆ | ㄷ |

→

ポンポン。

| ㅌ | ㄷ | ㅌ | ㄷ |

→

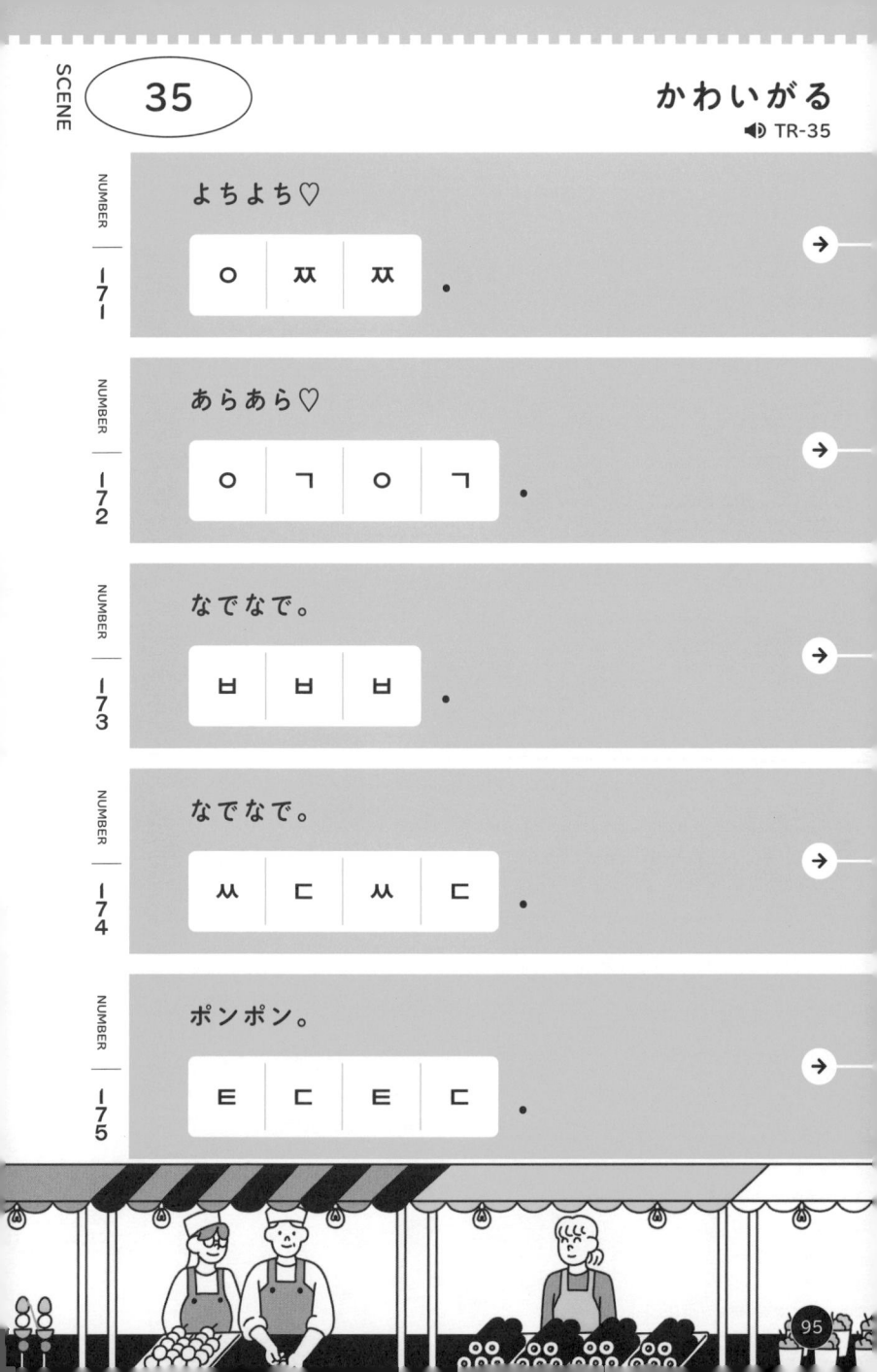

171 →	うっちゅっちゅ 우쭈쭈.	もともとは赤ちゃんをあやすときの音ですが、年下の恋人や後輩など、自分が赤ちゃんのようにかわいいと思う相手にもよく使います。
172 →	おぐおぐ 오구오구.	「아이고 아이고.」から派生した言葉です。泣いている赤ちゃんをあやすときや、子どもやペットのかわいらしい仕草に対する愛情表現として使います。
173 →	ぽくぽくぽく 복복복.	かわいいものをなでる時の擬音語。SNSでは、動物の写真をあげて「복복복 해 주고 싶어.(なでなでしてあげたい)」と使ったりします。
174 →	すだむっすだむ 쓰담쓰담.	日本語の「なでなで」を韓国語に翻訳してできた言葉なんですって。쓰다듬다＝なでる。
175 →	とだくとだく 토닥토닥.	頭だけでなく、肩や背中などを優しくたたくときの擬音語。慰めるときやほめるときによく使います。

Menu
coffee …
latte …
doughnut …
pie …

飲食 編

Question

イラストに合う韓国語のオノマトペはどれでしょう？

チュルチュル

もぐもぐ

グウ〜

ゴクゴク

⬇ 選択肢の中から選んでね！

A
くるっこっくるっこく
꿀꺽꿀꺽

B
ふるるく
후루룩

C
にゃむにゃむ
냠냠

D
こるるく
꼬르륵

こたえは次のページ →

Answer

韓国語ではこう表現するよ！

ふるるく
후루룩 **B**

にゃむにゃむ
냠냠 **C**

こるるく
꼬르륵 **D**

くるっこっくるっこく
꿀꺽꿀꺽 **A**

ほかにも　　こんなオノマトペがあるよ

シュワシュワ	→	とくとく **톡톡**	クチャクチャ →	ちょぶちょぶ **쩝쩝**
ちびちび （食べる）	→	けじゃっけじゃく **깨작깨작**	ちびちび （飲む） →	ほるっちゃこるっちゃく **홀짝홀짝**
ジュージュー	→	ちぐるじぐる **지글지글**	フウフウ →	ふふ **후후**

NUMBER 176

なんだって？

| ㅁ | ㄹ | ㄱ | ? →

NUMBER 177

もう一度言ってよ。

| ㄷ | ㅅ | 말해 봐. →

NUMBER 178

正直に話して。

| ㅅ | ㅈ | ㅎ | 말해 봐. →

NUMBER 179

つまりどういうこと？

| ㄱ | ㄹ | ㄴ | ㄲ | 뭐야? →

NUMBER 180

単刀直入に。

| ㄱ | ㄷ | ㅈ | ㅁ | 하고. →

176 →	むぉらご **뭐라고 ?**	言葉が聞き取れなかったとき、話題を聞き逃したときのフレーズ。驚きのあまり「今、なんて?」と聞き返すのにも使えます。
177 →	たし まれ ぽぁ **다시 말해 봐 .**	「좋아해.(好き)」と告白されて「もう一度言って」ならドラマのキュンとするワンシーン。胸ぐらをつかんで「もう一度言いなさいよ」もありますね。
178 →	そるちき まれ ぽぁ **솔직히 말해 봐 .**	恋人の様子がおかしいな、何か隠しごとがありそうだなと思ったらこのセリフ。
179 →	くろにっか むぉや **그러니까 뭐야 ?**	그러니까=つまり、だから。要領を得ない話を聞かされているときに。
180 →	こどぅじょるみはご **거두절미하고 .**	거두절미は漢字で書くと「去頭截尾」。頭と尾を断ち切ることです。回りくどい話にいらいらしたとき、心の中でついつぶやいてしまうことも。

乾杯
🔊 TR-37

NUMBER 181

乾杯。

| ㄱ | ㅂ | ！

→

NUMBER 182

カンパイ！

| ㅉ | ！

→

NUMBER 183

飲みまくろう。

마시고 | ㅈ | ㅈ | .

→

NUMBER 184

酔ったみたい。

| ㅊ | ㅎ | ㄴ | ㅂ | .

→

NUMBER 185

酔っぱらった〜。

| ㄲ | ㄹ | 됐어 .

→

181 →	こんべ
	건배！

漢字の「乾杯」を韓国語読みしたもの。それでは皆さん、「건강을 위하여, 건배！(健康のために乾杯！)」。

182 →	ちゃん
	짠！

グラスをぶつける音からきた言葉。親しい仲間とのカジュアルな飲み会でよく使います。「乾杯しよう」は「우리 짠 하자.」。

183 →	ましご じゅくちゃ
	마시고 죽자.

直訳すると「飲んで死のう」。お酒で憂さ晴らしをすることが多い韓国ではとてもよく使われる表現です。

184 →	ちゅぃへんな ぽぁ
	취했나 봐.

べろんべろんに酔っぱらって記憶をなくす前に、ほろ酔いのところでこのセリフ。

185 →	くぁるら どぇっそ
	꽐라 됐어.

「動けなくなるほど泥酔した」という意味。ユーカリの木でじっとしているコアラ(코알라)が語源という説もあります。

教えて。何？

| ㅁ | ㅎ | ㅂ |

. 뭐야? →

知りたい。

| ㅇ | ㄱ | ㅅ | ㅇ |

. →

気になる。

| ㄱ | ㄱ | ㅎ |

. →

それで？　続けて。

| ㄱ | ㄹ | ㅅ |

? 계속해. →

いいから言ってよ。

| ㅁ | ㅎ |

, 그냥. →

186

まれ ぼぁ むぉや

말해 봐 . 뭐야 ?

말해 봐＝言ってみて。K-POP
アイドル「少女時代」の名曲
「소원을 말해 봐（願いを言って
みて）」でおなじみの表現です。

187

あるご しぽ

알고 싶어 .

「知りたい、気になる」といった
ニュアンス。仲よし同士で「알
고 싶어?」「알고 싶어.」。どこと
なく甘い親密さがただよいます
ね。

188

くんぐめ

궁금해 .

興味がわいたときの「気にな
る」です。心配で気がかりとい
う意味の「気になる」は「신경
쓰여.」と言います。

189

くれそ けそけ

그래서 ? 계속해 .

相手が言い惜しみして話を中断
したら、続きが気になりますね。
そんなとき「그래서?」と促して
みて。

190

まれ くにゃん

말해 , 그냥 .

말해는 말하다（言う）の命令形、
그냥は「そのまま」という意味
です。相手が話すかどうか迷っ
ているときなどに。

Menu
coffee …
latte …
doughnut …
pie …

最高！

🔊 TR-39

NUMBER | 191

さいこ～！

| 쩌 | ！ |

→

NUMBER | 192

すっげ～！

| ㄷ | ㅂ | ！ |

→

NUMBER | 193

最高！

| ㅊ | ㄱ | ！ |

→

NUMBER | 194

イケてる！

| ㅈ | ㅇ | ㄷ | ！ |

→

NUMBER | 195

半端ね～。

| 쩌 | ㄷ | 。 |

→

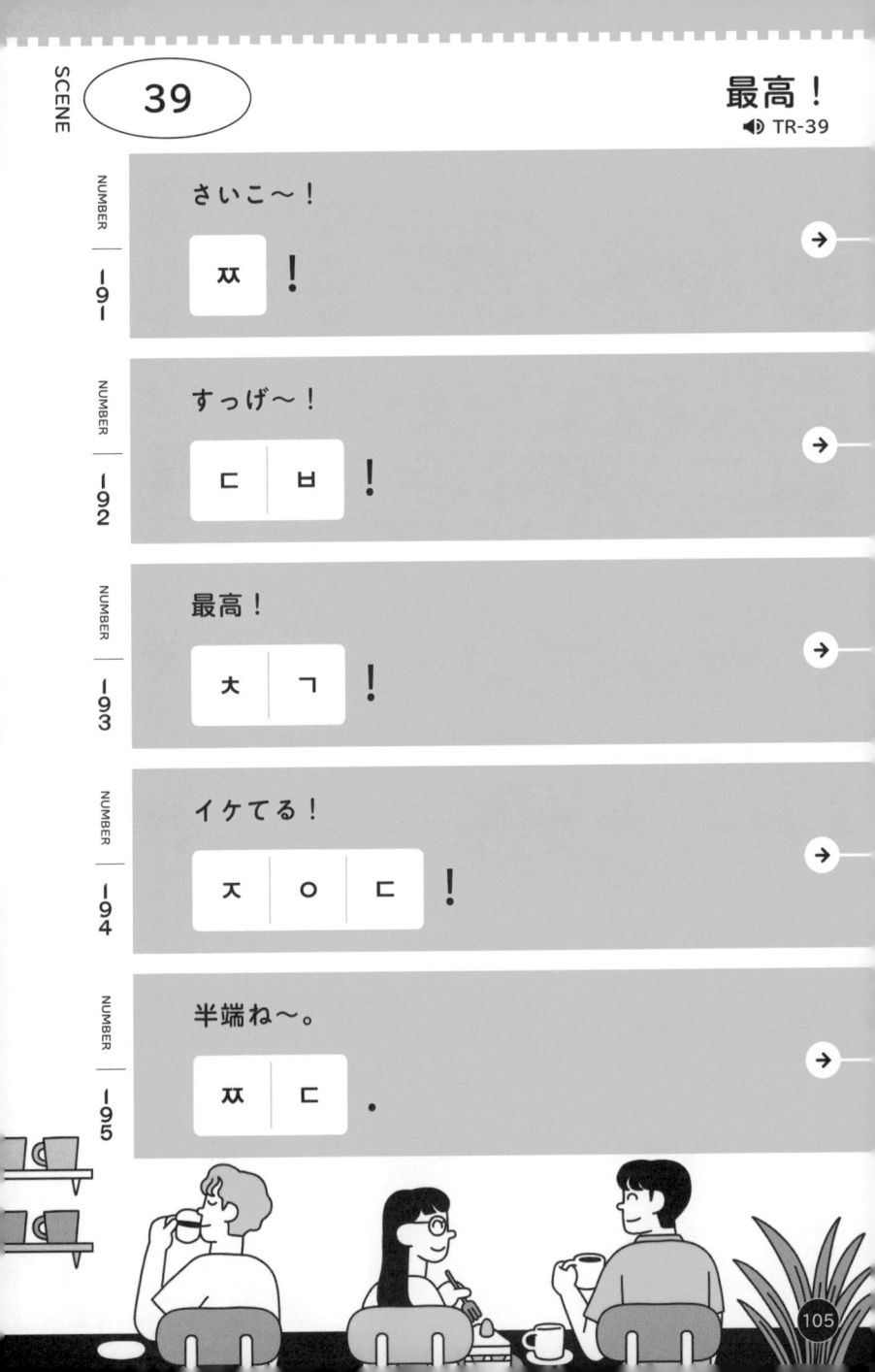

191 →	ちゃん **짱!**	賞賛に使われるスラングです。名詞にくっつけて몸짱(いい体つき〈の人〉)、얼짱(美しい顔〈の人〉)のように使うこともあります。
192 →	てばく **대박!**	ポジティブな驚きを表す言葉です。もともとは「大ヒット」とか「大当たり」という意味。
193 →	ちぇご **최고!**	漢字の「最高」を韓国語読みしたもの。「ここの料理、最高!」なら「여기 요리 최고!」。
194 →	ちゅぎんだ **죽인다!**	直訳すると「殺す!」ですが、若者の間では「俺を殺す→しびれる、イケてる」といった最上級のほめ言葉。
195 →	ちょんだ **쩐다.**	절다(漬かる、酒浸りになる)から作られた若者言葉。「ヤバい、最高」という意味で、「쩔어.」とも言います。

うれしい
🔊 TR-40

うれしい。

ㄱ | ㅃ | ㄷ ．

→

すごくうれしい。

너무 ㅈ | ㄷ ．

→

あら、どうしよう！

어머, ㅇ | ㄸ | ㅎ ！

→

夢みたい！

ㄲ 같아！

→

おかしくなりそう！（すごい！ やばい！）

ㅁ | ㅊ | ㄷ ！

→

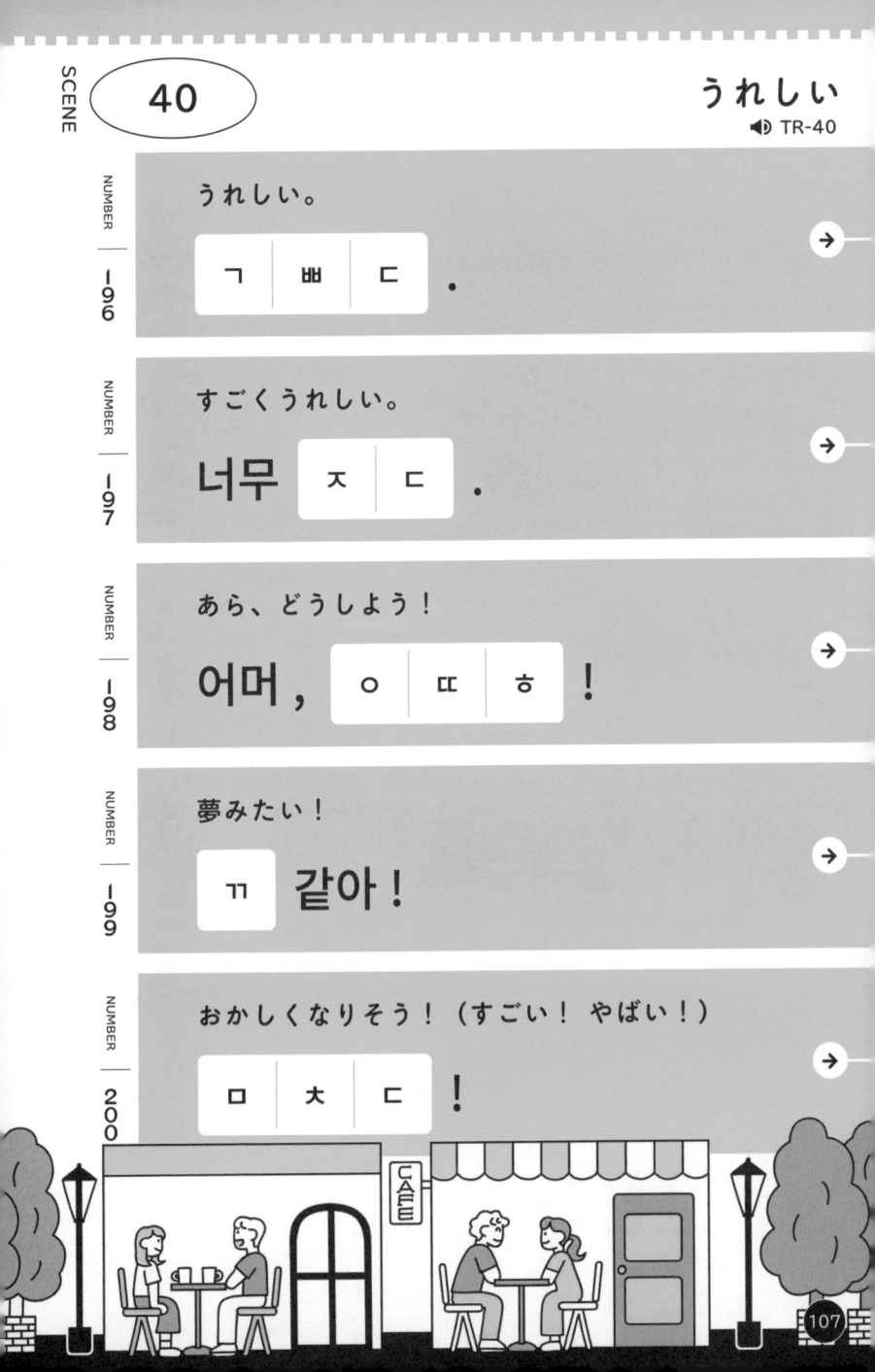

196 →	きっぷだ 기쁘다 .	「프러포즈를 받아서 너무 기쁘다.(プロポーズされてとてもうれしい)」のように、人生で記憶に残るくらいうれしいときの「うれしい」。
197 →	のむ じょた 너무 좋다 .	기쁘다よりも気軽な「うれしい」で、ネイティブもしょっちゅう言います。좋다＝良い、好きだ。
198 →	おも おっとけ 어머 , 어떡해 !	어머はおもに女性が使う驚いたときの感嘆詞。困った状況だけでなく、うれしいサプライズの場面でも使います。
199 →	くむ がた 꿈 같아 !	꿈(夢)と-같아(〜のようだ)の間に、強調の助詞「만」を入れると「"まるで"夢みたい!」
200 →	みちょった 미쳤다 !	基本形미치다は「狂う」という意味。我を忘れるくらいうれしい出来事があったときや、「とてもおいしい」と言うときにも使います。

NUMBER 201

やった！

| ㅇ | ㅆ | ！

→

NUMBER 202

やり遂げたね！

| ㅎ | ㄴ | ㄱ | ㄴ | ！

→

NUMBER 203

わあ！

| ㅇ | ！

→

NUMBER 204

やったあ！

| ㅇ | ㅎ | ！

→

NUMBER 205

ばんざい！

| ㅁ | ㅅ | ！

→

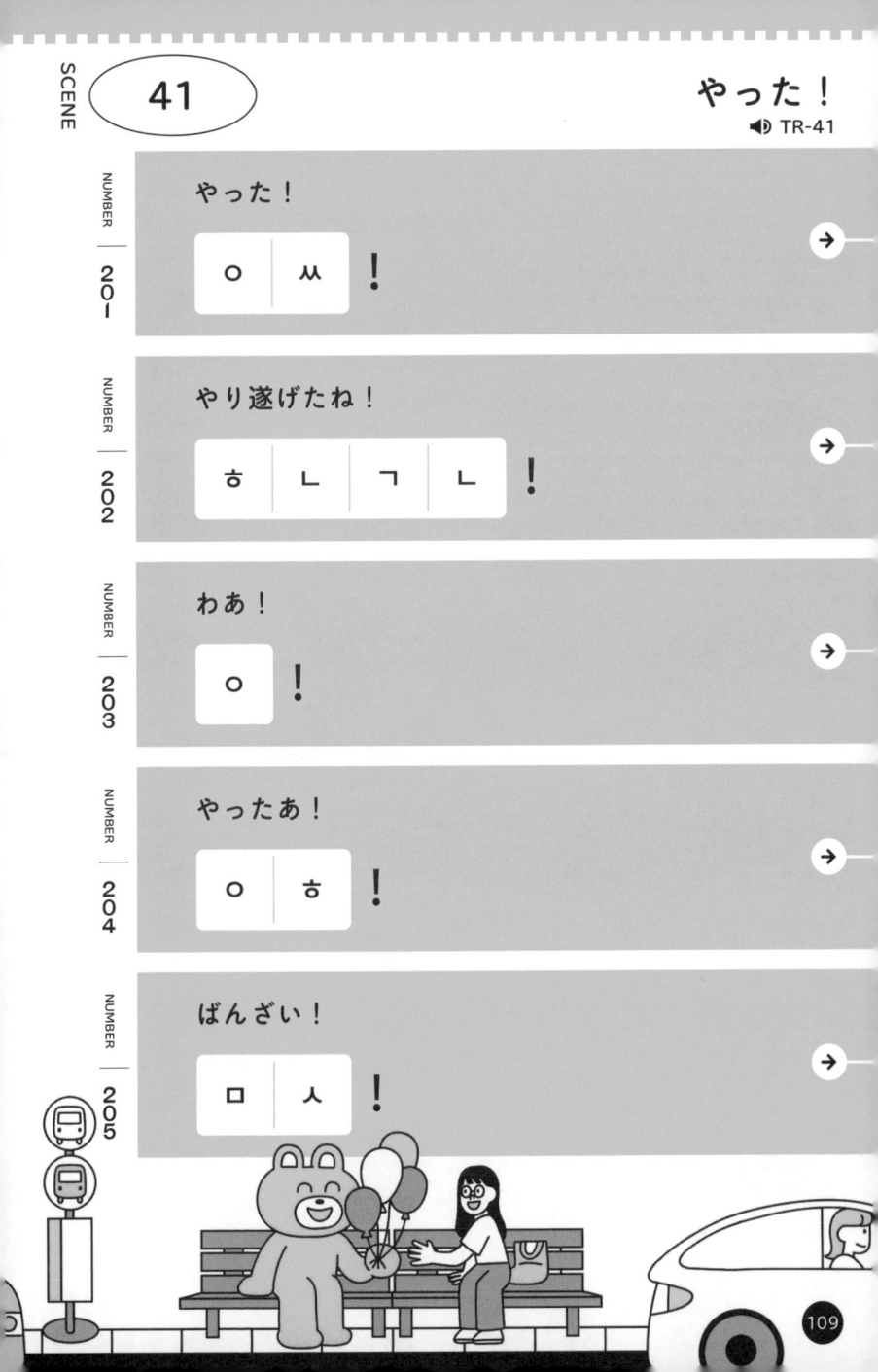

201 →	あっさ 앗싸！	期待どおりにいったときの喜びのフレーズです。ひいきのチームが勝ったり、推しのコンサートチケットが取れたりしたときなど使用場面はさまざま。
202 →	へねっくな 해냈구나！	目標を達成した友だちにかけてあげたいひと言。もっとくだけて言うなら「박수！짝짝짝짝(拍手！パチパチパチパチ)」。
203 →	わ 와！	「와！선물이다！(わあ！プレゼントだ！)」。うれしいときの悲鳴はほかにも「꺄！(キャ！)」やSNSでは「꺄아아아！(キャ〜〜〜！)」なども。
204 →	やほ 야호！	英語のかけ声「Yo-ho!」からきた言葉です。やまびこの「ヤッホー！」以外にも、喜びや興奮を表すときに使います。
205 →	まんせ 만세！	日本と同じように、韓国でも両手をあげながら「만세~！(ばんざ〜い！)」と大きな声を出します。

それな
🔊 TR-42

それな。

| ㅇ | ㅈ |

.　→

認めざるをえない。

| ㅋ | ㅈ |

.　→

だよね。

| ㄴ | ㅁ | ㅇ |

.　→

そう。

| ㄱ | ㄴ | ㄲ |

.　→

たしかに。

| ㅎ | ㄱ |

.　→

| 206 → | いんじょん

인정 . | 인정을 漢字にすると「認定」。
「인정해.」と言えば「認める」と
いう意味です。若者は気軽に
「それな、確かに」といった感じ
で使います。 |

| 207 → | きんじょん

킹정 . | 킹は英語の king。若者が単語の
頭につけて「絶対的に」の意味
で使います。인정と組み合わさ
ると「完全に同意、認めるしか
ない」という意味に。 |

| 208 → | ね まり

내 말이 . | 相手の言葉に「まさにそれ」と
思ったらこのひと言。「내 말이
그 말이야.(私もそれを言いた
かった)」を省略したフレーズ
です。 |

| 209 → | くにっか

그니까 . | 「그러니까.(だから、つまり)」
を縮めた表現です。友だちと話
していて「ほんとそのとおり」
と共感のあいづちを打つときに
使います。 |

| 210 → | はぎん

하긴 . | 「하긴 그러네.(たしかにそうだ
ね)」の省略形。相手の話を聞い
て納得したときに使うあいづち
で、ドラマでもよく耳にします。 |

Menu
coffee …
latte …
doughnut …
pie …

食感 編

Question

イラストに合う韓国語のオノマトペはどれでしょう❓

サクサク

とろ〜り

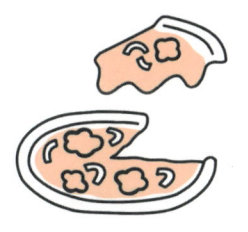

ふわふわ

もちもち

⬇ 選択肢の中から選んでね！

A ぱさくぱさく
바삭바삭

B ちょんどぅくちょんどぅく
쫀득쫀득

C さるる
사르르

D まるらんまるらん
말랑말랑

こたえは次のページ ➜

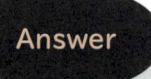

Answer

韓国語ではこう表現するよ❗

ぱさくぱさく
바삭바삭
Ⓐ

さるる
사르르
Ⓒ

まるらんまるらん
말랑말랑
Ⓓ

ちょんどぅくちょんどぅく
쫀득쫀득
Ⓑ

ほかにも こんなオノマトペがあるよ

しっとり	→	ちょくちょく 촉촉	しこしこ	→
ぷりぷり	→	てんてん 탱탱	外はカリッ、 中はトロッ	→
シャキシャキ	→	あさがさく 아삭아삭	ほくほく	→

しこしこ → ちょるぎっちょるぎっ **쫄깃쫄깃**

外はカリッ、中はトロッ → こっぱそくちょく **겉바속촉**

ほくほく → ぽするぽする **포슬포슬**

ラッキー
🔊 TR-43

ラッキー！

ㄸ 잡았다！

→

ラッキーだね。

ㅂ 받았네.

→

あなた、幸せ者ね！

너 ㅎ ㅇ ㅇ 다！

→

それだけでも十分！

ㄱ ㄱ 어디야！

→

ついてるね。

ㅇ ㅇ ㅈ ㄷ .

→

211	てん じゃ ばった **땅 잡았다!**	直訳すると「思いがけず幸運を つかんだ」。땅は賭け事で最強 の札が来ること。잡았다は「つ かんだ」という意味です。

212	ぽく ぱだんね **복 받았네.**	복＝福、幸運。直訳すると「福を もらったね」。「나 복 받았네.(私 って幸せ者ね)」というように使 えます。

213	の へんうなだ **너 행운아다!**	행운아は漢字で書くと「幸運 児」。歌の歌詞にもよく登場し ますね。「あなたがいてくれて 난 행운아야.(私は幸せ者だ)」。

214	くげ おでぃや **그게 어디야!**	「それで十分」「がっかりしなく て大丈夫」と気遣う表現。「ク ラスで10番なら立派なものだ」 のように使います。

215	うに じょた **운이 좋다.**	日常のカジュアルな会話でよく 使われます。운＝運。「ついてな い、運が悪い」は운이 나쁘다。

自慢する

NUMBER 216

すごいっしょ。

ㅍ | ㄹ | ㅅ .

→

NUMBER 217

どや。

ㅉ | ㅈ ?

→

NUMBER 218

えっへん！

ㅇ | ㅎ ！

→

NUMBER 219

いいなあ。

ㅈ | ㄱ | ㄷ .

→

NUMBER 220

まじでうらやましい。

진짜 ㅂ | ㄹ | ㄷ .

→

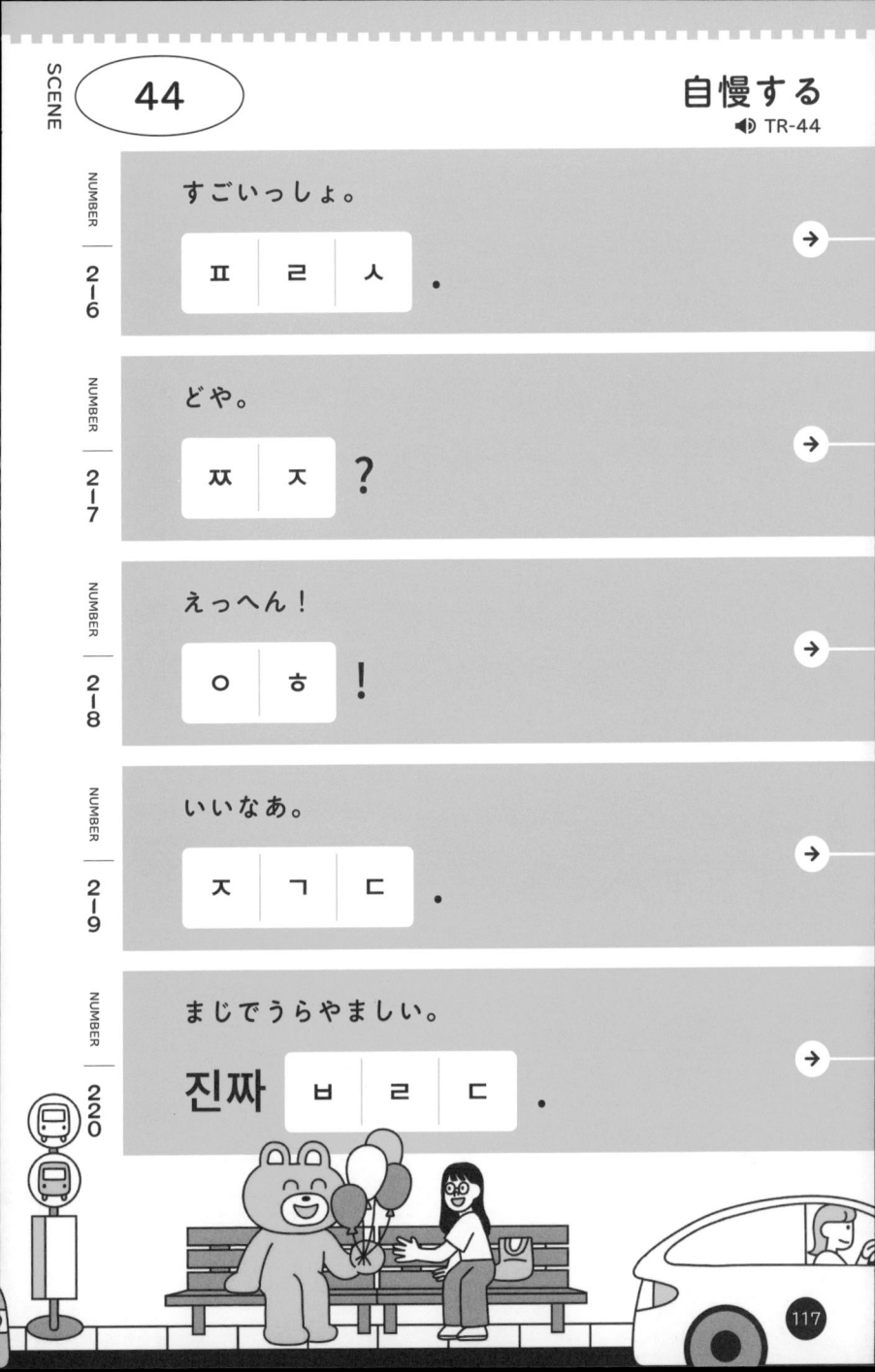

216 →	ぷるれくす **플렉스 .**	自慢する、見せびらかすという意味の英語のスラング「flex」から生まれた流行り言葉。SNSでもよく使います。
217 →	ちょるじ **쩔지 ?**	쩔다は「ヤバい、半端ない」という意味の若者言葉。自分以外の人をほめるときは「쩐다.（ヤバい）」を使うことが多いです。
218 →	えへむ **에헴 !**	日本語でも、偉ぶるときにわざと大きな咳払いをしますよね。あれです。マンガでよく使われるセリフです。
219 →	ちょけった **좋겠다 .**	「좋다（良い）」に推測を表す「-겠다」を組み合わせて「いいなあ」。ドラマでもよく使われるフレーズです。
220 →	ちんっちゃ ぷろぷた **진짜 부럽다 .**	진짜＝本当に、부럽다＝うらやましい。仲のいい友だちには素直に気持ちを伝えて、会話を盛り上げよう。

NUMBER 221

うわ！

| ㄲ | ㄸ | ㅇ | ㅇ | ！

→

NUMBER 222

きゃあ！

| ㅇ | ㅁ | ㅇ | ！

→

NUMBER 223

びびった！

| ㄲ | ㄴ | ！

→

NUMBER 224

心臓止まった。

| ㅅ | ㅈ | 멎는 줄 .

→

NUMBER 225

熱っ！

앗 | ㄸ | ㄱ | ！

→

221 →	かむっちゃぎや **깜짝이야!**	びっくりしたときのセリフ。「びっくりさせないで」は「놀래키다（驚かす）」と「-지 마（〜しないで）」で「놀래키지 마.」と言います。
222 →	おむまや **엄마야!**	直訳すると「お母さん!」。驚いたとき「きゃあ!」「うわっ!」と思わず口から出る言葉。おもに女性が使う「어머나!」「어머!」も同じ意味。
223 →	かむのる **깜놀!**	「깜짝 놀랐다.（びっくりした）」の略語です。若者が使うスラング。SNSには「깜놀 영상（ドッキリ動画）」がたくさんアップされています。
224 →	しむじゃん もんぬん じゅる **심장 멎는 줄.**	「심장이 멎는 줄 알았어.（心臓が止まるかと思った）」を略したフレーズ。とてもびっくりしたときや恐怖を感じたときに使います。
225 →	あっ とぅご **앗 뜨거!**	きちんと書くと「앗 뜨거워.（熱い）」。グルメ番組で、スープを飲もうとして「アチッ」と声を上げるシーンとかよくありますよね。

Menu
coffee …
latte …
doughnut …
pie …

あきれる

🔊 TR-46

は？

ㅎ

.

あきれた！

ㄱ	ㄱ

ㅁ	ㅎ

！

バカバカしい。

ㅎ	ㄷ	ㅎ	ㄷ

.

ひくわ〜。

ㅎ	ㅌ

온다.

情けない。

ㅎ	ㅅ	ㅎ	ㄷ

.

| 226 → | ほる

헐 . | 若者のあいだでよく使われるカジュアルな感嘆詞です。「は?」「えっ?」「うそ!」「やば!」などいろんなシーンで使えます。 |

| 227 → | きが まきょ

기가 막혀 ! | 直訳すると「気が詰まる」。「あきれる」という意味もありますが、「すごい」と肯定的な意味で使うことも。「맛이 기가 막혀.(味<ruby>맛<rt>まし</rt></ruby>がすばらしい)」。 |

| 228 → | ふぁんだんはだ

황당하다 . | 直訳すると「でたらめだ」。誰かのバカげた言い訳に「でたらめすぎて話にならない」とあきれたときなどに使います。 |

| 229 → | ひょんた おんだ

현타 온다 . | 현타は현실 자각 타임 (現実自覚タイム) の略。陶酔から一気に現実に引き戻されたむなしさを表す言葉です。 |

| 230 → | はんしまだ

한심하다 . | あまりにも愚かで「見ていられない」と感じたときのセリフ。批判的な表現なので注意して使いましょう。自分に使うのはOK。 |

疲れた
🔊 TR-47

疲れた。

| ㅍ | ㄱ | ㅎ |

→

眠たい。

| ㅈ | ㄹ |

→

めんどくさい。

| ㄱ | ㅊ | ㅇ |

→

しんどい。

| ㅎ | ㄷ | ㅇ |

→

だるい。

| ㅁ | ㅅ | 인가 봐.

→

| 231 → | ぴごね

피곤해. | ひと仕事して「あ〜疲れた」という感じ。独り言でもよく使います。 |

| 232 → | ちょるりょ

졸려. | あくびといっしょに「あ〜졸려.」と言えたら、ネイティブ並み！ |

| 233 → | くぃちゃな

귀찮아. | ごはん作るのめんどくさい。コンビニ行くのもめんどくさい。そうなったらもう「귀찮아 죽겠어.(めんどくさくて死にそう)」ですね。 |

| 234 → | ひむどぅろ

힘들어. | 「大変だ、辛い」といった意味。仕事で「힘들어.」という人がいたら「힘들었지?(大変だったね)」とねぎらってあげて。 |

| 235 → | もむさりんが ぽぉ

몸살인가 봐. | 「몸살」は疲れからくる倦怠感や頭痛、関節痛などの症状をいいます。「감기(風邪)」とは区別して使われます。 |

退屈

🔊 TR-48

NUMBER 236

退屈だ。

| ㄸ | ㅂ | ㅎ | . | → |

NUMBER 237

つまらない。

| ㅈ | ㄹ | ㅎ | . | → |

NUMBER 238

じれったい。

| ㄷ | ㄷ | ㅎ | . | → |

NUMBER 239

くだらない。

| ㅅ | ㅅ | ㅎ | . | → |

NUMBER 240

ヒマだ。

| ㅅ | ㅅ | ㅎ | . | → |

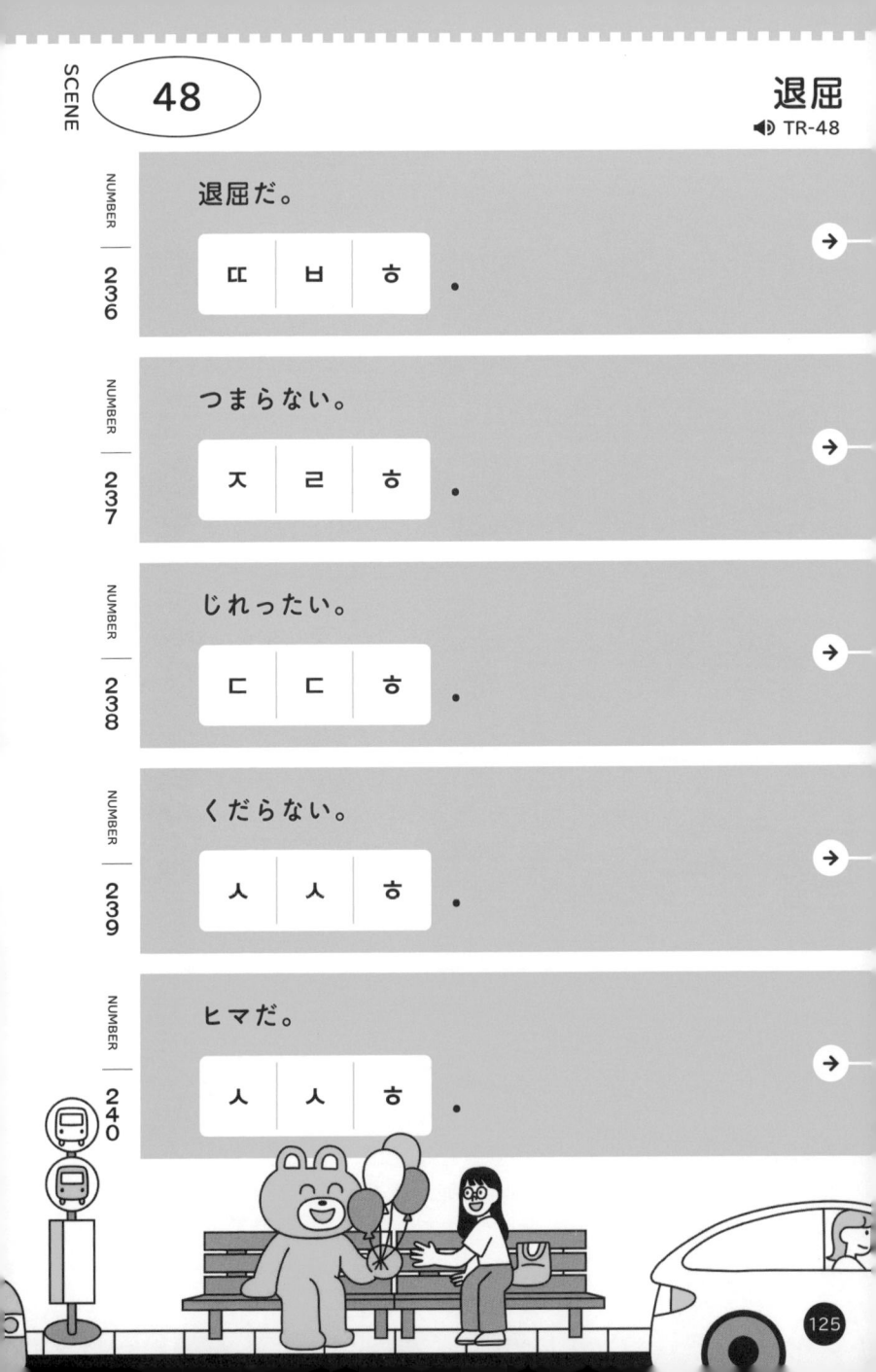

236 → たぶね **따분해.**	「面白みがなくて退屈」という意味です。「요즘 어때？(最近どう？)」「따분해 죽겠어.(退屈で死にそう)」。
237 → ちるへ **지루해.**	ドラマや小説、授業などがつまらなくて飽きた、というときに使います。「이 드라마 너무 지루해.(このドラマすっげ〜つまらない)」
238 → たぷたぺ **답답해.**	「はがゆい、もどかしい、イライラする」という意味。彼ったらいつ告白してくれるんだろ？それは「답답해.」ですね。
239 → ししへ **시시해.**	期待外れだったり、内容がばかばかしかったり。映画でも「시시해. 보지 마.(期待はずれ。見ないほうがいいよ)」ってことありますよね。
240 → しむしめ **심심해.**	何もすることがなくて「ヒマだ」という意味。ちなみに「口寂しい」は韓国語で「입이 심심해.(口がヒマ)」と言います。

NUMBER 241

うきうきする！

| ㅅ | ㄴ | ㄷ |

！

→

NUMBER 242

楽しい！

| ㅈ | ㄱ | ㅇ |

！

→

NUMBER 243

おもしろい。

| ㅈ | ㅁ | ㅇ | ㄷ |

．

→

NUMBER 244

気分サイコー。

| ㄱ | ㅂ |

째진다．

→

NUMBER 245

テンション上がる！

| ㄱ | ㅂ | ㅇ |

된다．

→

241 →	しんなんだ 신난다 !	浮かれた気分のとき、仲間と盛り上がってハイテンションのとき使ってみて。「ノリノリ、わくわく」、そんな気分のこと。
242 →	ちゅるごうぉ 즐거워 !	幸せで充実した気分の「楽しい」。旅行やデートのときに言えば、一緒にいる相手はきっと喜ぶんじゃないかな。
243 →	ちぇみいった 재미있다 .	재미＝おもしろみ、있다＝ある。韓国語の勉強も「재미있다.」だといいなあ。反対語は「재미없다.(おもしろくない)」。
244 →	きぶん っちぇじんだ 기분 째진다 .	기분は「気分」、째지다は「裂ける」という意味。あまりに楽しくて笑顔がはじける、といったニュアンスのスラングです。
245 →	きぶん おぷとぇんだ 기분 업된다 .	기분(気分)が업된다(アップする)。反対語は「기분 다운된다.(テンション下がる)」。

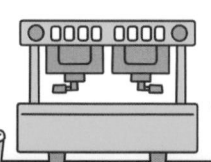
Menu
coffee …
latte …
doughnut …
pie …

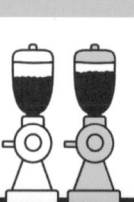

オノマトペクイズ

その6

Question

子ども 編

イラストに合う韓国語のオノマトペはどれでしょう❓

シャカシャカ

すやすや

キャッキャッ

あっかんべー

⬇ 選択肢の中から選んでね！

A
せぐんっせぐん
쌔근쌔근

B
かるっかる
깔깔

C
ちかちか
치카치카

D
めろん
메롱

こたえは次のページ →

Answer

韓国語ではこう表現するよ❗

ちかちか
치카치카

C

せぐんっせぐん
쌔근쌔근

A

かるっかる
깔깔

B

めろん
메롱

D

ほかにも こんなオノマトペがあるよ

にこにこ	→	しんぐるぼんぐる **싱글벙글**	よちよち	→	あじゃんあじゃん **아장아장**
ふりふり	→	とりどり **도리도리**	いないいない ばあ	→	かっくん **까꿍**
ぷんぷん	→	びょろとん **뾰로통**	オギャァ オギャァ	→	うんえうんえ **응애응애**

NUMBER 246

運が悪い。

| ㅇ | ㅇ | | ㄴ | ㅃ |

.

NUMBER 247

むかつく！

| ㅈ | ㅅ | 없어！

NUMBER 248

呪われてる！

재수 | ㅇ | 붙었네！

NUMBER 249

何やってもダメだ。

| ㅁ | ㅎ | ㄷ | 안돼.

NUMBER 250

ついてない。(うんこを踏んだ)

| ㄸ | 밟았어.

246 →	うに なっぱ 운이 나빠 .	雨でイベントが中止になったとき、赤信号にばかり引っかかるとき、チケットの抽選に外れたとき、思わずこうつぶやきたくなりますよね。
247 →	ちぇす おぷそ 재수 없어 !	思い通りにならずイライラしたときのひと言。「저 사람 진짜 재수 없어!(あいつ、本当むかつく!)」。
248 →	ちぇす おむ ぶとんね 재수 옴 붙었네 !	옴は皮膚病を引き起こすダニのこと。そのまま訳すと「運にダニがついた」です。「今日はとことんツイてない…呪われとるんかい!」と嘆く感じ。
249 →	むぉる へど あんどぇ 뭘 해도 안돼 .	何をやってもうまくいかない、そんな日につぶやきたくなるひと言。気を取り直して「내일이 있어.(明日があるさ)」で切り抜けましょう。
250 →	とん ばるばっそ 똥 밟았어 .	直訳すると「うんこを踏んだ」。ウンがついたのに「ついてない」とはこれいかに。「縁起が悪い」という意味でも使います。

NUMBER 251

うんざりする。

| ㅈ | ㄱ | ㄷ |

. →

NUMBER 252

耳にタコ。

| ㄱ | ㅇ | ㅁ | 박혔어.

→

NUMBER 253

飽きないの？

| ㅈ | ㄱ | ㅈ | 도 않아?

→

NUMBER 254

うざっ。

| ㅉ | ㅈ | ㄴ |

. →

NUMBER 255

いい加減にして。

| ㄱ | ㅁ | 해라.

→

251 →	ちぎょぷた 지겹다 .	お母さんの小言にうんざり、単調な仕事にうんざり…。同じことが続いてもう我慢の限界というときに使います。
252 →	くいえ もっ ぱきょっそ 귀에 못 박혔어 .	同じ話を何度も聞かされるとうんざりですよね。韓国語では「耳に釘が刺さる」って言うんですよ。
253 →	ちぎょぷちど あな 지겹지도 않아 ?	ストレイキッズの曲「Gone Days」の歌詞にも使われています。「うんざりしないの？＝もううんざり！」といった反骨精神の表れです。
254 →	ちゃじゅんな 짜증나 .	不快な出来事にイライラしたときのつぶやき。イライラは感染するので、そんな人が近くにいたら「짜증내지 마.(イライラしないで)」。
255 →	くまねら 그만해라 .	그만하다 (やめる) の命令形。「もうこれ以上やらないで」といったニュアンスです。

寒い／暑い
🔊 TR-52

寒い…。

ㅊ | ㅇ …。

→

暑っ…。

ㄷ | ㅇ …。

→

暑くて死にそう。

더워 ㅈ | ㄱ | ㅇ .

→

涼し〜。

ㅅ | ㅇ | ㅎ | ㄷ .

→

あったかい。

ㄸ | ㄸ | ㅎ .

→

256 →	ちゅうぉ 추워 ….	ドラマだと、「추워…」とつぶやく女性に、男性が「이거 입어.(これ着て)」とさっと上着を差出すシーンがよくありますね。
257 →	とうぉ 더워 ….	基本形は덥다(暑い)。「蒸し暑い」は무덥다とか후텁지근하다と言います。
258 →	とうぉ じゅっけっそ 더워 죽겠어 .	韓国も夏はかなり暑くなります。-아/어 죽겠어=〜で死にそう。「完全にサウナ状態」は「완전 찜통 같아.」と言います。
259 →	しうぉなだ 시원하다 .	気温以外でも「さっぱり、すっきり」した心地良さを言う言葉。たとえば湯船に浸かってホッとしたとき、問題解決で心が軽くなったときにも使えます。
260 →	たっとぅて 따뜻해 .	気温、雰囲気、飲み物など、いろんなものに使えます。「오빠는 마음이 따뜻해.(オッパ〈彼〉は心が温かい)」。

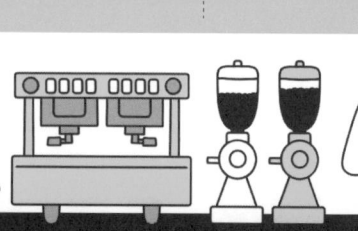

Menu
coffee …
latte …
doughnut …
pie …

NUMBER 261

おなかすいた。

| ㅂ | ㄱ | ㅍ |

→

NUMBER 262

はらへった〜。

배고파 | ㅈ | ㄱ | ㅇ |

→

NUMBER 263

何か食べに行こう。

뭐 | ㅁ | ㅇ | ㄹ | 가자.

→

NUMBER 264

ごちそうさま。

| ㅁ | ㅇ | 먹었어.

→

NUMBER 265

おなかいっぱい。

| ㅂ | ㅂ | ㄹ |

→

| 261 → | ぺごぱ

배고파 . | 語尾を軽く上げて発音すると「おなかすいた？」と質問する感じににになります。「お腹すかない？」は「배 안 고파?」と言います。 |

| 262 → | ぺごぱ じゅっけっそ

배고파 죽겠어 . | 直訳すると「おなかがすいて死にそう」。-아/어 죽겠어(〜で死にそう)は「졸려 죽겠어.(眠くて死にそう)」などとよく使います。 |

| 263 → | むぉ もぐろ がじゃ

뭐 먹으러 가자 . | 뭐=何か、먹다=食べる、-으러 가자=〜しに行こう。食事に誘うカジュアルなフレーズです。返事は「料理名＋어때?(○○はどう?)」でOK。 |

| 264 → | まに もごっそ

많이 먹었어 . | 直訳すると「たくさん食べたよ」。食後の満足感を表す「ごちそうさま」です。おごってくれた人には「잘 먹었어.(ごちそうさん)」と言うことも。 |

| 265 → | ぺぶるろ

배불러 . | 基本形は배부르다(お腹いっぱい)。배=おなか。友だちののろけ話を聞かされたとき、日本語と同じく冗談っぽく使うのもアリ。 |

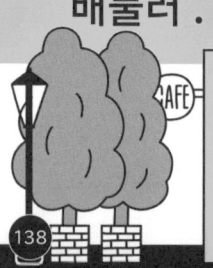

NUMBER 266

早く早く！

| 빠 | ㄹ | 빠 | ㄹ | ！

→

NUMBER 267

早く来て。

| 빠 | ㄹ | | ㅇ | ．

→

NUMBER 268

トロいなあ。

| ㅇ | ㅋ | 느려？

→

NUMBER 269

さっさと食べちゃおう。

| ㅇ | ㄹ | 먹자．

→

NUMBER 270

急かさないで。

| ㅈ | ㅊ | ㅎ | 지 마．

→

266 →	ぱるりっぱるり **빨리빨리！**	韓国人のせっかちさを象徴するような言葉ですね。朝は子どもたちに「빨리빨리 먹어.<ruby>빨<rt>ぱ</rt></ruby>り<ruby>っぱ<rt></rt></ruby>り <ruby>먹<rt>も</rt></ruby><ruby>어<rt>ご</rt></ruby>（早く食べなさい）」と急かすときにも使います。
267 →	ぱるり わ **빨리 와．**	助けに来てほしいか、もしくは、あなたに「빨리 보고 싶어.（早く会いたい）」という思いで言っているのかもしれませんね。
268 →	うぇるけ ぬりょ **왤케 느려？**	왤케は왜 이렇게（なぜこんなに）の縮約形で、若者がよく使います。느려は느리다（のろい）を活用した形。
269 →	おるるん もくちゃ **얼른 먹자．**	「さあ、食事を始めよう」と促すフレーズです。「식기 전에.（温かいうちに食べよう）」も覚えておくといいですよ。
270 →	ちぇちょかじ ま **재촉하지 마．**	재촉하다＝急がせる、-지 마＝〜しないで。プレッシャーを感じる状況で慌てたら、ろくなことがありません。こういうときこそ慎重にいきましょう。

55

ひどい！

NUMBER
271

ひどい！

| ㄴ | ㅁ | ㅎ | ！

→

NUMBER
272

ありえない！（話にならない）

| ㅁ | ㄷ | 안 돼 .

→

NUMBER
273

納得できない。

| ㄴ | ㄷ | 이 안 돼 .

→

NUMBER
274

ひどい！

| ㅅ | ㅎ | ㄷ | ！

→

NUMBER
275

めちゃくちゃだ。

| ㅇ | ㅁ | 이다 .

→

271 →	のむへ 너무해!	TWICEの曲「TT」に出てくる言葉です。不満だけでなく相手に対する切ない気持ちが込められていて、まさにTT（涙目）ですね。
272 →	まるど あん どぇ 말도 안 돼.	直訳すると「話にならない」。ドラマにもよく登場します。否定的な意味合いだけでなく、信じられないほどすてきなことが起きたときも使えます。
273 →	なぷとぅぎ あん どぇ 납득이 안 돼.	聞いても要領を得ない答えしか返ってこない、そんなときのひと言。「理解できない」は「이해가 안 가.」と言います。
274 →	しまだ 심하다!	イヤな思いをしたときだけでなく、「두통이 심하다.（頭痛がひどい）」「장난이 심하다.（いたずらがひどい）」といったふうにも使えます。
275 →	おんまんいだ 엉망이다.	散らかった部屋、台無しになった計画、乱れた髪など、いろいろな場面で使えます。「피부가 엉망이야.（肌荒れがひどい）」。

NUMBER
276

理想のタイプは？

| ㅇ | ㅅ | ㅎ | 이 뭐야? →

NUMBER
277

パーフェクトな人。

| ㅇ | ㅊ | ㅇ | . →

NUMBER
278

無害な人。

| ㅁ | ㅎ | 한 사람. →

NUMBER
279

優しい男性。

| ㄷ | ㅈ | ㄴ | . →

NUMBER
280

愛嬌のある人。

| ㅁ | ㅁ | ㅁ | . →

276 →	いさんひょんい むぉや **이상형이 뭐야?**	이상형(いさんひょん)을 漢字で書くと「理想形」。뭐야=何なの。推しを指して「私のタイプ」と言うときは「내 스타일이야(ねすたいりや)」を使います。

277 →	おむちな **엄친아.**	엄마 친구 아들(おむまちんぐあどぅる)(ママ友の息子)の略語。母親が自分の子どもに「見習ってほしい」と引き合いに出すような優秀な子のことです。

278 →	むへはん さらむ **무해한 사람.**	日本語で「無害な人」と言うとバカにしているように聞こえますが「善良で正直、友好的で安心できる人」というほめ言葉です。

279 →	たじょんなむ **다정남.**	漢字にすると「多情男」ですが、浮気者という意味ではありません。優しくて思いやりがある男性のこと。다정한(たじょんはん)(情に厚い)＋남자(なむじゃ)(男性)の造語。

280 →	もんむんみ **멍뭉미.**	「멍뭉이(もんむんい)(ワンちゃん)」の「이(い)」を「미(美)(み)」に代えた造語。ワンちゃんみたいにカワイイ(無邪気で愛嬌たっぷり)と肯定的な意味で使われます。

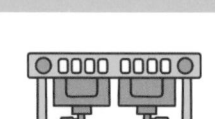

Menu
coffee …
latte …
doughnut …
pie …

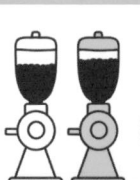

CHAPTER 3

とっさのつぶやき

「言葉は生き物」とよく言われますよね。韓国でも新しい言葉が次々と生まれていて、ドラマやSNSでよく見かけます。ちょっとしたユーモアも感じられるので、つい使ってみたくなりませんか？　ここでは、そんな韓国のトレンドの言葉をいくつか紹介します。

1	**넘사벽** (のむさびょく)	別次元	「넘을 수 없는 사차원의 벽（越えられない4次元の壁）」の略。誰かの能力や魅力がとても高いときに「あの人は 넘사벽」と言ったりします。
2	**느좋** (ぬじょっ)	いい感じ	「느낌 좋다」の略。「느낌」は「感じ」という意味。人やスタイル、風景などが好みで心が満たされたと感じるときに使う言葉です。
3	**돌싱** (どるしん)	バツイチ	「돌아온 싱글（戻ってきたシングル）」の略。結婚していたけど離婚して再び独身になった人を指す言葉です。
4	**만렙** (まんねぷ)	万レベル	元々はゲーム用語から来た言葉で、最高レベルという意味。「그 사람, 만렙 실력을 가졌어.（あの人、万レベルの実力を持ってる）」などと使います。
5	**베프** (べぷ)	親友	「베스트 프렌드（ベストフレンド）」の略で、「親友」とか「大事な友だち」という意味です。
6	**솔까말** (そるっかまる)	ぶっちゃけ	솔직히 까놓고 말하자면（正直に言うと）の略。「솔까말, 나는 그 영화 별로였어.（ぶっちゃけ、あの映画いまいち）」などと使います。
7	**알쓰** (あるっす)	下戸	「알콜（アルコール）」と「쓰레기（ごみ）」を組み合わせてできた新造語です。「나, 알쓰야.（私、お酒弱いの）」。
8	**어쩔티비** (おっちょるてぃび)	だから何？ 干渉するなよ	一説によると「어쩌라고（どうしろって言うの）」と「티비나 봐（テレビでも見てなよ）」を略してできた言葉だと言われています。
9	**자만추** (ちゃまんちゅ)	自然な出会いを求める	「자연스러운（自然な）만남의（出会いの）추구（追及）」の略。運命的な出会いを大切にしたいという意味の若者言葉です。
10	**케바케** (けばけ)	ケース・バイ・ケース	「케이스 바이 케이스（ケース・バイ・ケース）」の略。日本語でいう「場合による」と似た意味です。

NUMBER 2081

ごはん食べた？

| ㅂ | ㅁ | ㅇ | ㅇ | **?** |

→

NUMBER 2082

元気？

| ㅈ | ㅈ | ㄴ | ㅈ | **?** |

→

NUMBER 2083

ごはん一度食べよう。

밥 | ㅎ | ㅂ | ㅁ | ㅈ | .

→

NUMBER 2084

（女性に対して）きれいになったね。

| ㅇ | ㅃ | ㅈ | ㄷ | .

→

NUMBER 2085

髪型変えた？

| ㅁ | ㄹ | 했어 **?**

→

281

ぱむ もごっそ

밥 먹었어?

食事がすんだかはあまり重要ではなく、「変わりない?」といった安否確認に近い。返事は「응, 먹었지! 넌?(うん、食べたよ! 君は?)」でOK。

282

ちゃる じねじ

잘 지내지?

直訳は「よく過ごしてるよね?」。友だちに気軽に言ってみて。チャットや電話もこのひと言で始めます。

283

ぱ ぱんぼん もくちゃ

밥 한번 먹자.

食事の約束ではなく、あいさつの一種。ひさしぶりに会った友だちと別れるときによく使います。「今度時間があったらごはんでも行こ!」という感じ。

284

いぇっぽじょった

예뻐졌다.

예쁘다=きれい、-어졌다=~になった。これを言われたらうれしいですね。「화장품 바꿨어?(化粧品変えた?)」なども続けてどうぞ。

285

もり へっそ

머리 했어?

髪型を変えたことに気づいてもらえるのもうれしいですよね。머리は「頭」だけでなく「髪の毛」という意味もあるんです。

NUMBER 286

待った？

많이 ㄱ ㄷ ㄹ ㅈ ？ →

NUMBER 287

早かったね。

ㅇ ㅉ 왔네？ →

NUMBER 288

私も今来たとこ。

나도 ㅂ ㄱ 왔어. →

NUMBER 289

すごく道が混んでて…。

길이 ㅁ ㅎ ㅅ . →

NUMBER 290

(メニューを見ながら) 何頼む？

뭐 ㅅ ㅋ ㄲ ？ →

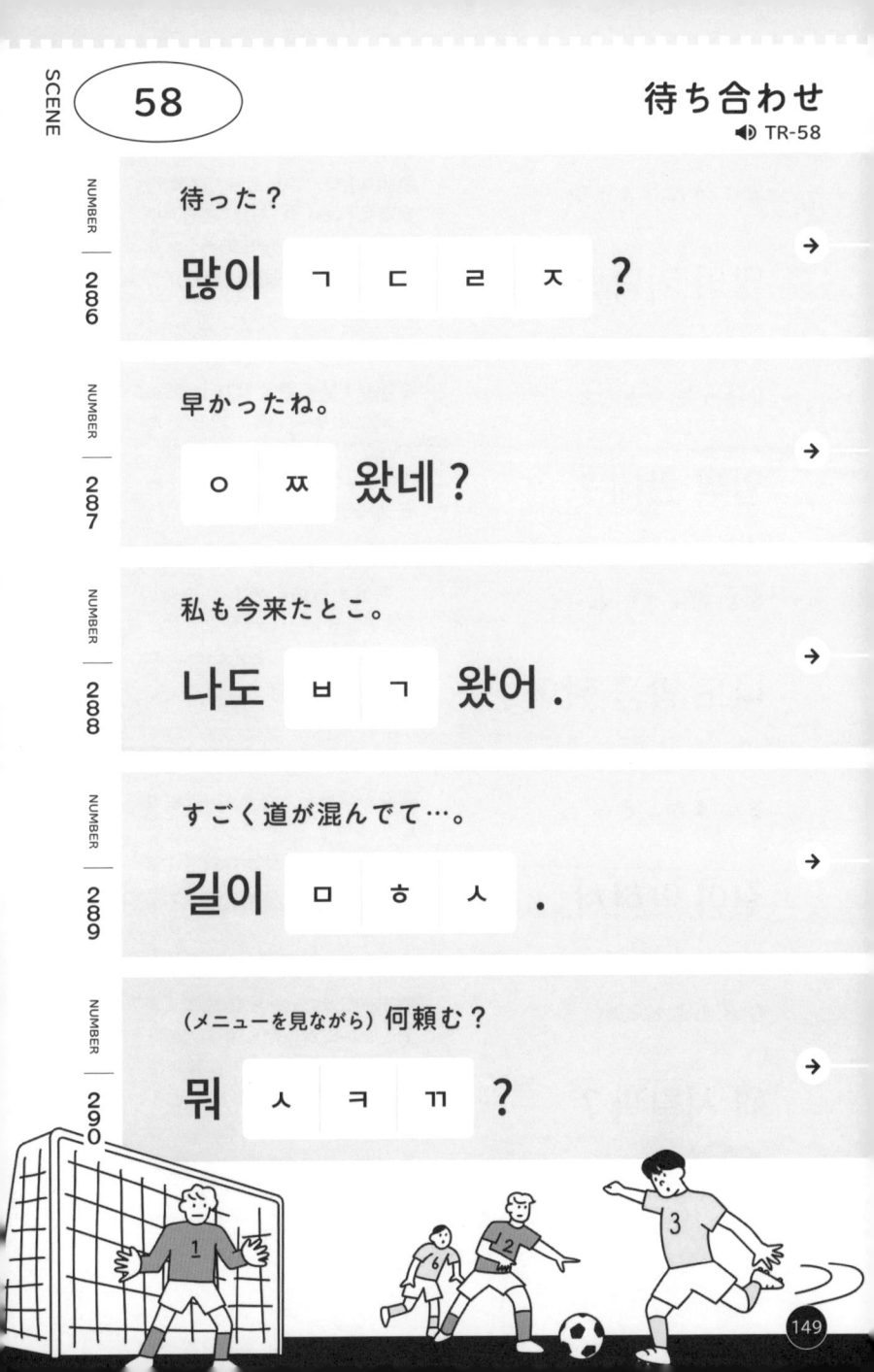

286

まに ぎだりょっち

많이 기다렸지 ?

直訳は「たくさん待ったよね？」返事は「아니.(いや)」「조금.(少し)」。遅刻が当たり前の「コリアンタイム」も最近は変わりつつあるとか。

287

いるっち ぐぁんね

일찍 왔네 ?

直訳は「早く着いたね」。後から来た相手に「間に合ってよかったね」という気持ちで言います。逆に、後から来た側が「あれ、早いね」と使うことも。

288

など ばんぐむ わっそ

나도 방금 왔어 .

こう言えるのは優しさの証。「왜 이렇게 늦었어？(なんでこんなに遅いのよ)」と言いたいのをぐっとこらえて。

289

きり まきょそ

길이 막혀서 .

遅刻の言い訳はほかにも「열쇠를 못 찾아서.(鍵が見つからなくて)」「고양이가 집을 나가서.(猫が家から逃げて)」などがあります。

290

むぉ しきるっか

뭐 시킬까 ?

基本的にせっかちな韓国人。テーブルに着いたら即注文が当たり前です。メニューを開きながら「뭐 먹을까？(何食べようか？)」もよく使います。

NUMBER 291

誰かと思ったら！

이게 ㄴ ㄱ ㅇ ？ →

NUMBER 292

世の中って狭いね。

ㅅ ㅅ 진짜 좁네 . →

NUMBER 293

なんでここに？

여긴 ㅇ ㅇ 이야 ？ →

NUMBER 294

ここよく来るの？

여기 ㅈ ㅈ 와 ？ →

NUMBER 295

一緒に自撮りしよ！

나랑 ㅅ ㅋ 찍자 ！ →

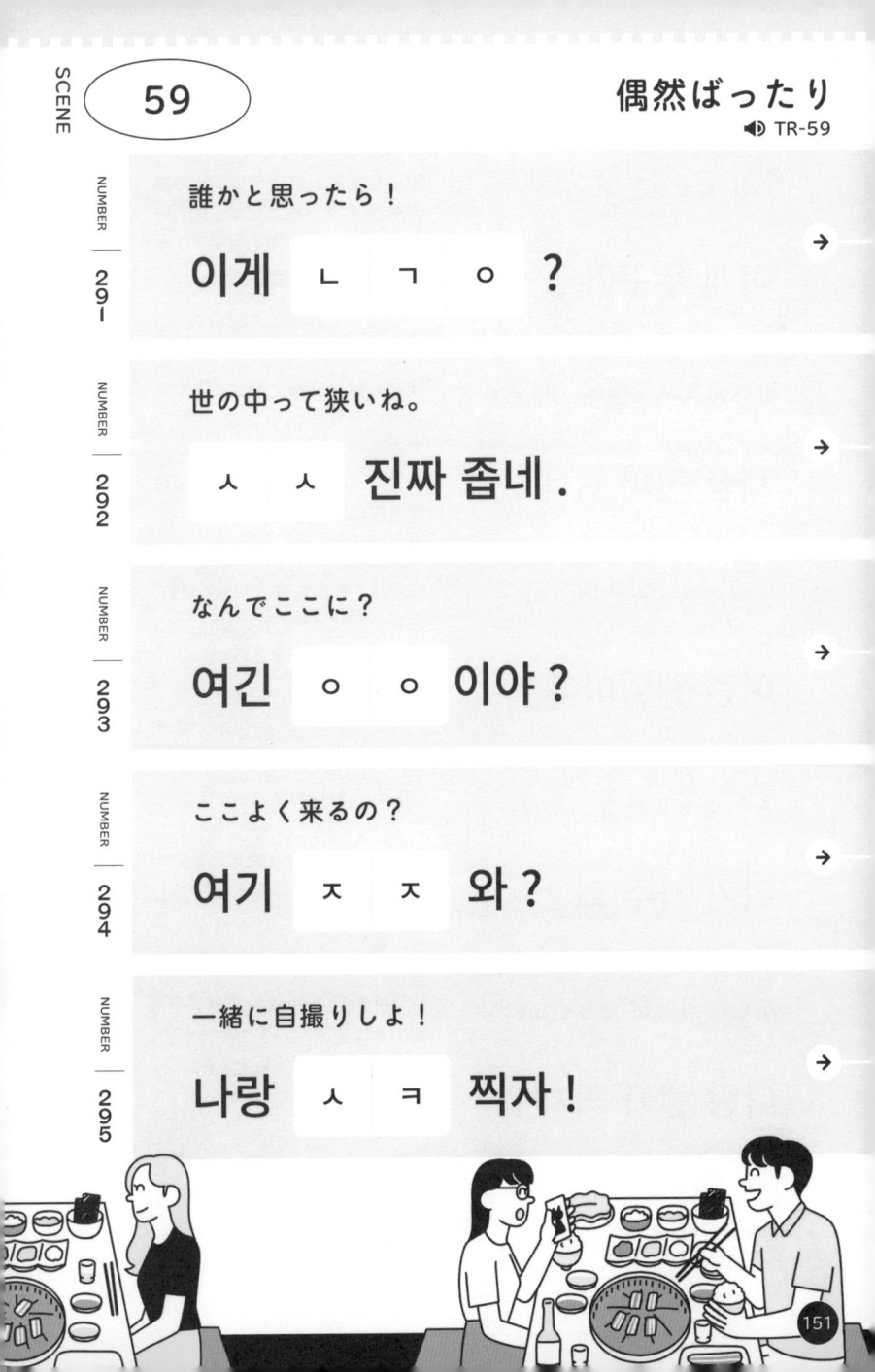

291 →	いげ ぬぐや 이게 누구야?	知人や友人とのひさしぶりの再会を喜ぶフレーズです。「10年<ruby>만<rt>まに</rt></ruby>이네! (10年ぶりじゃん!)」などと続けることも。
292 →	せさん じんっちゃ じょむね 세상 진짜 좁네.	使い方は日本語と同じ。旅先でばったり知り合いに会ったり、共通の知人がいることがわかったりしたときに言ってみて。세<ruby>상<rt>さん</rt></ruby>=世の中、좁다<ruby><rt>ちょぶた</rt></ruby>=狭い。
293 →	よぎん うぇんにりや 여긴 웬일이야?	直訳は「ここで何してるの?」。思いがけない場所で友だちに会ったときに使ってみて。
294 →	よぎ ちゃじゅ わ 여기 자주 와?	「<ruby>여긴 웬일이야<rt>よ ぎんうぇんに り や</rt></ruby>? (なんでここに?)」に続けてどうぞ。オフィス街でばったり会ったら「직장이<ruby><rt>ちくちゃんい</rt></ruby><ruby>여기<rt>よ ぎ</rt></ruby>야? (会社この近くなの?)」。
295 →	ならん せるか っちくちゃ 나랑 셀카 찍자!	<ruby>셀카<rt>せるか</rt></ruby>=セルカ（セルフカメラ）。韓国人は男女問わずセルカが大好き。「<ruby>나랑<rt>ならん</rt></ruby>」は「私と」という意味の話し言葉です。

NUMBER 296

これ、ちょっと貸して。

이거 좀 ㅂ ㄹ ㅈ . →

NUMBER 297

ちょっと借りるね。

좀 ㅆ ㄱ . →

NUMBER 298

私のだよ。

ㄴ ㄲ 야 ! →

NUMBER 299

今使ってるから。

지금 ㅆ ㄱ ㄷ . →

NUMBER 300

すぐに返してよ。

금방 ㄷ ㄹ ㅈ . →

296 →	いご じょむ ぴるりょ じゅお 이거 좀 빌려 줘 .	좀＝ちょっと。좀をつけることによって、より柔らかい印象になります。「좀 비켜 줘.（ちょっとどいて）」「좀만 기다려.（ちょっと待って）」。
297 →	ちょむ っするけ 좀 쓸게 .	直訳は「ちょっと使うね」。韓国人は、仲のいい相手だと「使ってもいい？」といちいち聞かないことも。勝手に使われてもびっくりしないで。
298 →	ねっこや 내 꺼야 !	내＝私の、꺼は것（もの）の口語表現です。ものに限らず、恋愛ドラマだと「넌 내 꺼야.（あなたは私のものよ）」というふうに使うことも。
299 →	ちぐむ っすごどぅん 지금 쓰거든 .	지금＝今、쓰다＝使う、-거든＝〜だから、〜なんだよ。거든は相手に強く主張したいときの文末表現です。キツく聞こえる場合もあるので注意。
300 →	くむばん どるりょ じゅお 금방 돌려 줘 .	금방＝すぐ。時間がたってから「返して」は言いづらいもの。貸すときに念を押しておくのが一番です。

NUMBER
301

もしもし。

| ㅇ | ㅂ | ㅅ | ㅇ | . |

→

NUMBER
302

今どこ?

지금 | ㅇ | ㄷ | ㅇ | ?

→

NUMBER
303

どうしたの?

| ㅁ | ㅅ | 일이야 ?

→

NUMBER
304

今大丈夫?

지금 | ㄱ | ㅊ | ㅇ | ?

→

NUMBER
305

(電話越しに) じゃあね。

| ㄲ | ㅇ | . |

→

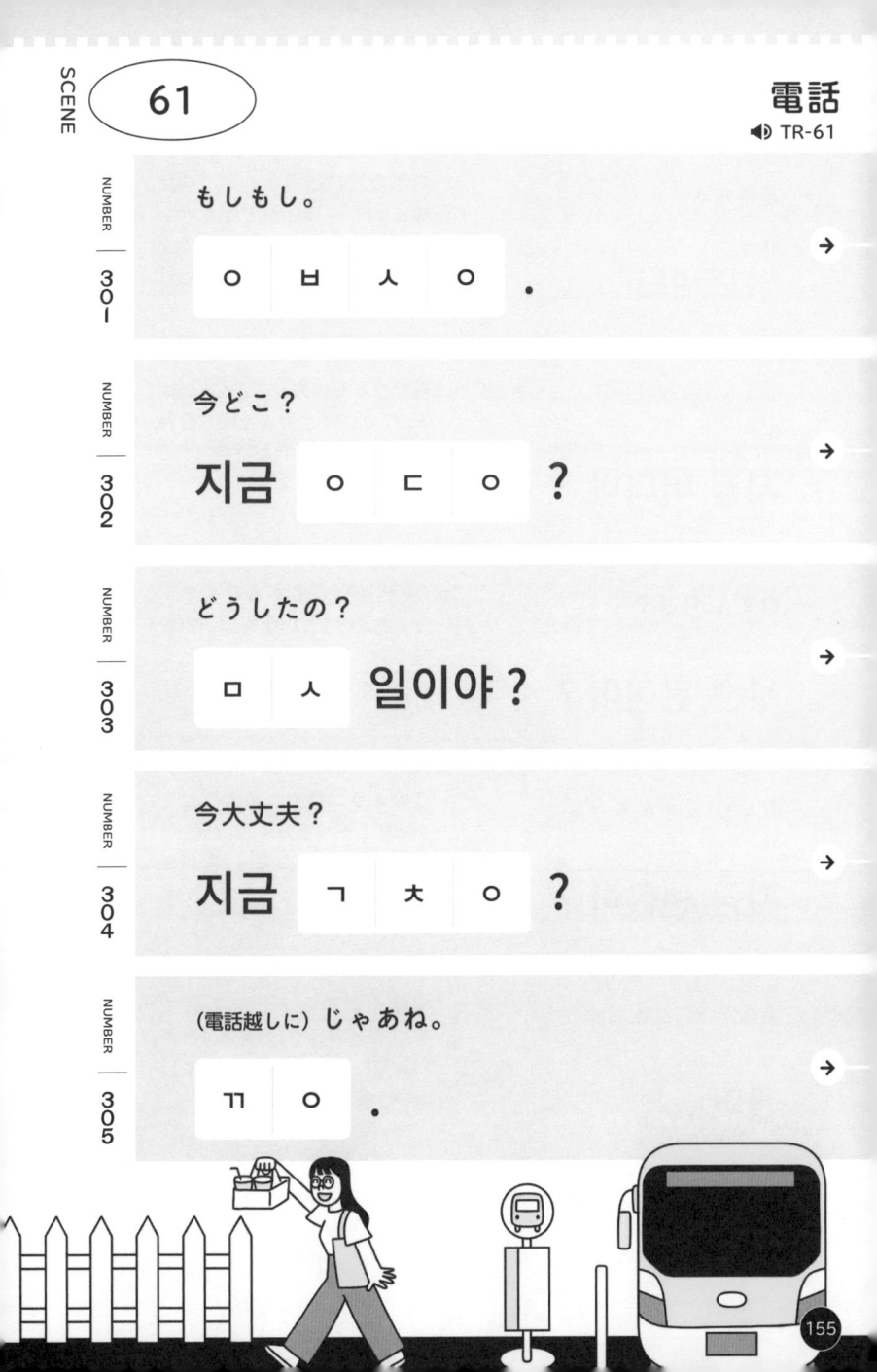

| 301 → | よぽせよ

여보세요 . | 電話の最初のあいさつ。「여보세요.」「누구세요?(どなたですか?)」「나야!(私よ)」「지나야?(ジナ?)」「어,나야.(うん、私)」というように展開します。 |

| 302 → | ちぐむ おでぃや

지금 어디야 ? | 親が子どもに対して、あるいは夫婦、恋人同士でよく使う表現。「누구랑 있어?(誰といるの?)」もついでに覚えよう。 |

| 303 → | むすん にりや

무슨 일이야 ? | 「突然電話してくるなんてどうしたの?」と相手を思いやる優しいフレーズです。「목소리 듣고 싶어서.(声が聞きたくて)」。 |

| 304 → | ちぐむ ぐぇんちゃな

지금 괜찮아 ? | このように念のため確認してから話し始めましょう。「응, 괜찮아.(うん、大丈夫)」「좀 바쁘니까 나중에.(ちょっと忙しいから後でね)」。 |

| 305 → | くの

끊어 . | 電話を切るときのひと言です。「끊는다.」や「끊을게.」とも。「들어가.(先に電話を切って)」という表現もあります。 |

NUMBER 306

このバカ！

이 ㅂ ㅂ ㅇ ! →

NUMBER 307

ほっといてちょうだい。

나, 오늘 ㅁ ㄱ ㅎ . →

NUMBER 308

怒らせないで。

ㅃ ㅊ ㄱ 하지 마 . →

NUMBER 309

言いたいのはそれだけ？

말 ㄷ ㅎ ㅇ ? →

NUMBER 310

うわ、気が狂いそう。

와, ㅁ ㅊ ㄱ ㄴ . →

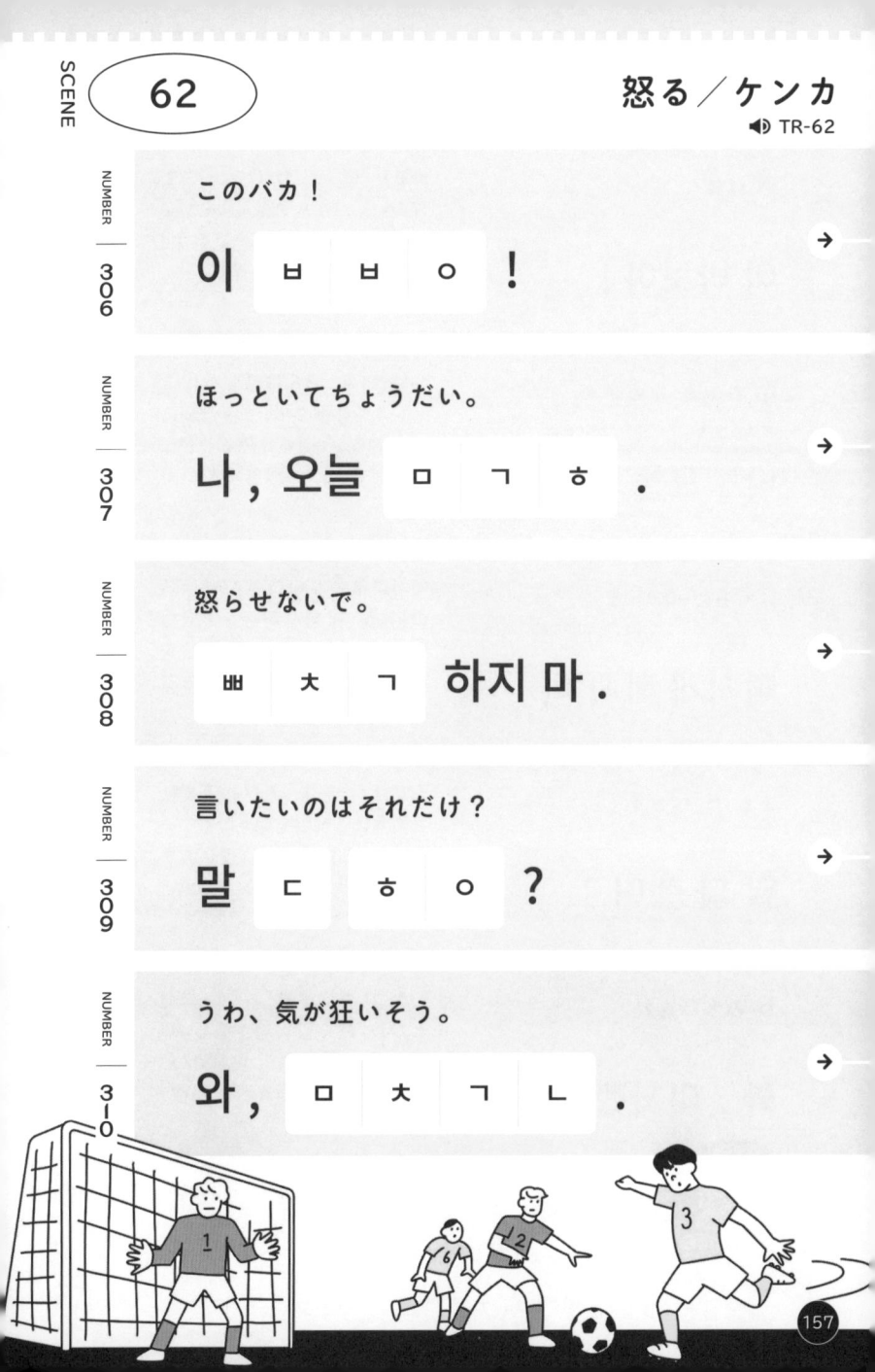

157

306 →	い ぱぼや **이 바보야!**	바보＝バカ。悪口だけど、一方で、仲のいい友だちや恋人に愛情をこめて使うことも。「アホか」「おばかさん」という感じ。
307 →	な おぬる みんがめ **나, 오늘 민감해.**	直訳は「私、今日敏感なの」。ストレスや体調のせいで神経質になってるから、気に障ることはしないで、という警告です。
308 →	ぱくちげ はじ ま **빡치게 하지 마.**	빡치다は화가 나다(腹が立つ)の俗語。-게 하지 마＝〜させないで。「이제 그만해! 빡치게 하지 마.(もうやめて! 怒らせないで)」
309 →	まる だ へっそ **말 다 했어?**	直訳は「全部言った?」。不愉快な発言はこれ以上聞きたくない、黙って、というときに使います。ドラマのケンカシーンで頻出。
310 →	わ みちげんね **와, 미치겠네.**	むかついたときの「ちくしょ〜」とか「ったく!」という感じ。미치겠네の基本形は、미치다(狂う)。そこに推測を表す「-겠」がついて「狂いそう」。

NUMBER 3-1

もうやめよう。

이제 ㄱ ㅁ ㅎ ㅈ . →

NUMBER 3-2

傷ついた～。

나 ㅁ ㅅ 입었어 . →

NUMBER 3-3

機嫌直して。

이제 ㅎ ㅍ ㅇ . →

NUMBER 3-4

ぷんぷん！

ㅎ , ㅊ , ㅃ ! →

NUMBER 3-5

仲直りしよ。

ㅎ ㅎ 하자 . →

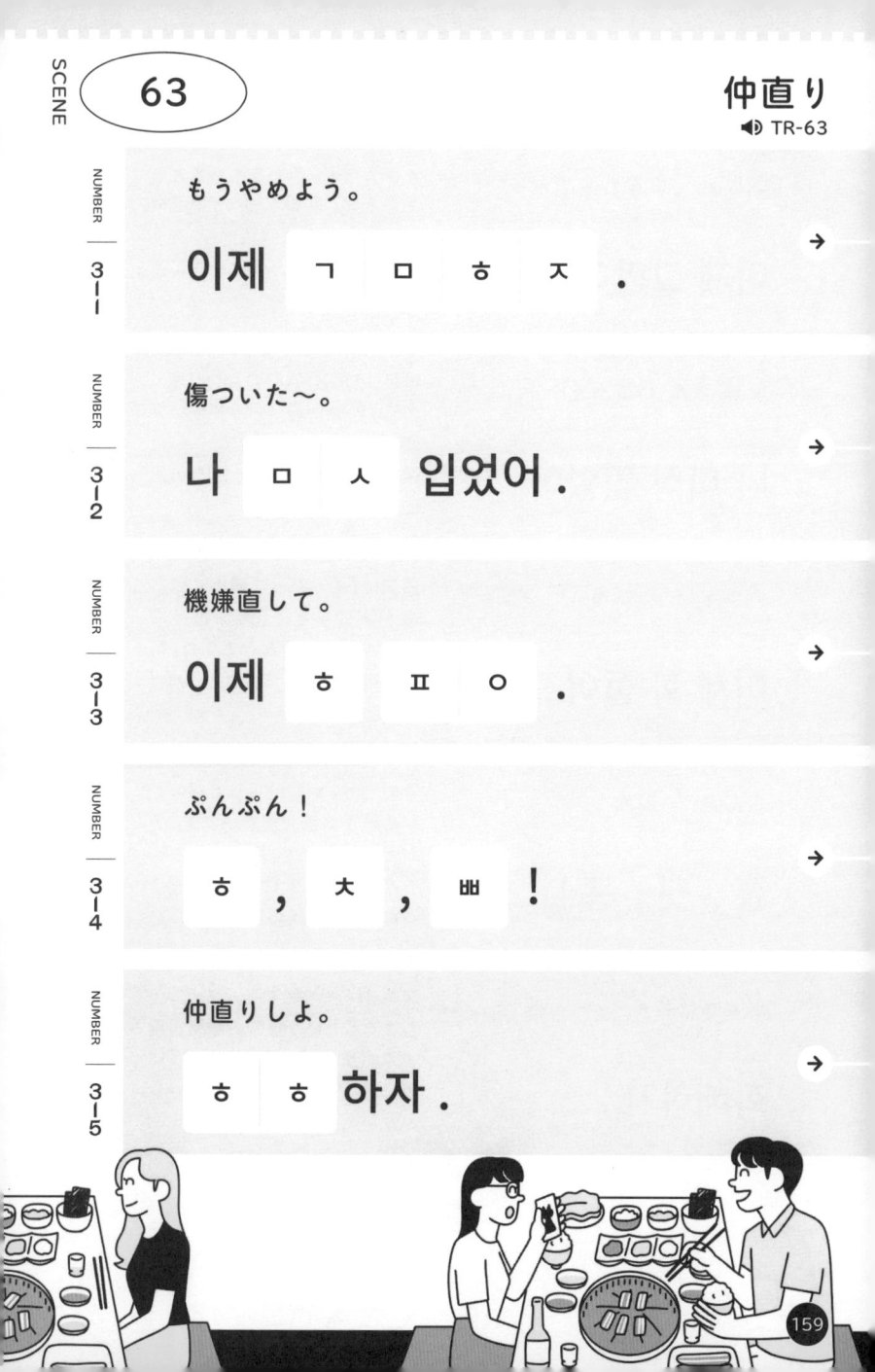

| 311 → | いじぇ くまなじゃ

이제 그만하자 . | ケンカなど、何かをやめるときのひと言。恋愛ドラマだと「우리 이제 그만하자.(私たち、もう別れよう)」というセリフがよく出てきます。 |

| 312 → | な まさん いぽっそ

나 마상 입었어 . | 마상は「마음의(心の)상처(傷)」の略。若者が軽いノリで使います。「ちょっと太った?」「え、마상.」。입었어=受けた(입다の過去形)。 |

| 313 → | いじぇ ふぁ ぷろ

이제 화 풀어 . | 直訳は「もう怒りを鎮めて」。화は漢字にすると「火」。怒りのエネルギーは火なんですね。화풀이하다は「八つ当たりする」です。 |

| 314 → | ふん ちっ ぷん

흥 , 칫 , 뿅 ! | すねたり、かわいらしく怒っている様子を表す擬声語です。テレビ番組などで、怒ってほっぺをぷぅと膨らませている場面にこの字幕がつくことも。 |

| 315 → | ふぁへはじゃ

화해하자 . | 화해하다=和解する、-자は「~しよう」という意味の語尾表現です。カップルのケンカも「너 없으면 안 돼.(君無しではいられない)화해하자.」 |

痛み・感覚

編

Question

イラストに合う韓国語のオノマトペはどれでしょう？

ずきずき

ぞくぞく

くらくら

ゴホゴホ

↓ 選択肢の中から選んでね！

A
おじろじる
어질어질

B
こるろっこるろく
콜록콜록

C
おっさごっさく
오싹오싹

D
ちっくんじっくん
지끈지끈

こたえは次のページ →

Answer

韓国語ではこう表現するよ！

ちっくんじっくん
지끈지끈 D

おっさごっさく
오싹오싹 C

おじろじる
어질어질 A

こるろっこるろく
콜록콜록 B

ほかにも こんなオノマトペがあるよ

ちくちく	→ くっくく **쿡쿡**		ぴりぴり	→ おろる **얼얼**
じんじん	→ ちょりっちょりっ **저릿저릿**		むずむず	→ かんじるがんじる **간질간질**
ひりひり（日焼け）	→ たっくむったっくむ **따끔따끔**		むかむか	→ めすんめすく **메슥메슥**

NUMBER
3
―
6

許して。

ㅇ ㅅ ㅎ 줘.
→

NUMBER
3
―
7

私が悪かった。

내가 ㅈ ㅁ ㅎ ㅇ.
→

NUMBER
3
―
8

謝るよ。

ㅅ ㄱ 할게.
→

NUMBER
3
―
9

二度としないから。

다신 ㅇ ㄱ ㄹ ㄱ.
→

NUMBER
320

約束！

ㅇ ㅅ !
→

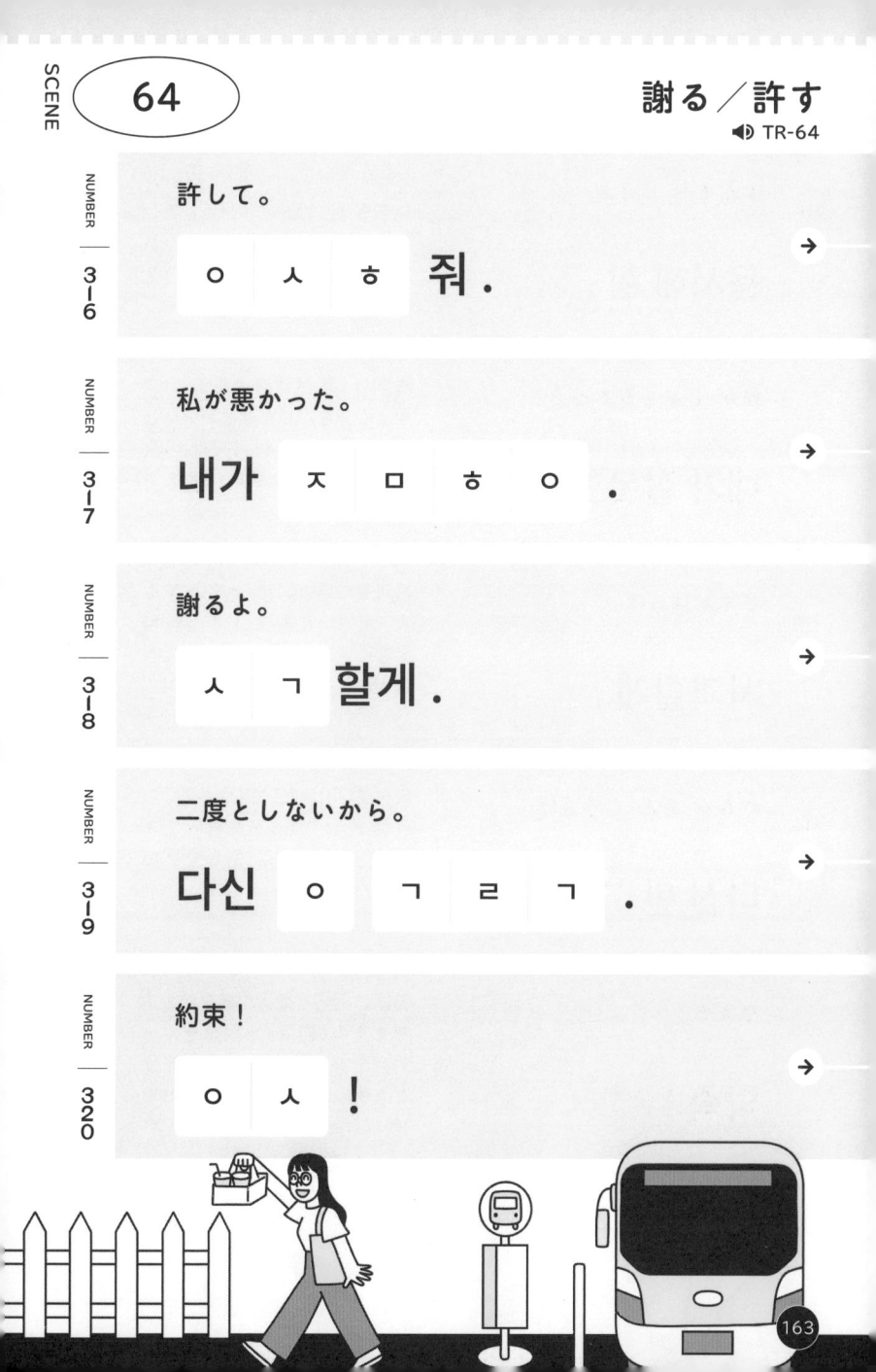

| 316 → | よんそへ じゅぉ

용서해 줘. | 용서하다=許す、-아/어 줘=～してちょうだい。ケンカしてしまった友だちや恋人と仲直りしたいとき、「미안해.(ごめん)」とセットで言ってみて。 |

| 317 → | ねが じゃるもてっそ

내가 잘못했어. | 直訳は「私が間違えた」。いさぎよく非を認めたほうがいいときもありますよね。「모두 내 탓이야.(全部私のせい)」とまで言えたらすごい。 |

| 318 → | さぐぁはるけ

사과할게. | 사과하다(謝る)に-ㄹ게(～するよ)がついた表現。「미안해, 사과할게.(ごめんね、謝るよ)」「진짜 사과할게.(マジで謝るよ)」。 |

| 319 → | たしん あん ぐろるけ

다신 안 그럴게. | 다신は다시는(二度と)の略。こう言われたら「진짜야? 믿어도 돼?(本当に？ 信じていいの?)」。 |

| 320 → | やくそく

약속! | 韓国の指切りは①小指をからませて약속(約束)②親指をくっつけて도장(ハンコ)③指をほどき手のひらをスライドさせて복사(コピー)と言います。 |

センス

🔊 TR-65

かわいい！

| ㄱ | ㅇ | ㅇ | ！

→

きれい！

| ㅇ | ㅃ | ㄷ | ！

→

イケてる！

| ㅎ | ㅎ | ㄷ | ！

→

かっけ〜。

| ㅁ | ㅈ | ㄷ | ！

→

スタイリッシュだね。

| ㄱ | ㅈ | 난다 .

→

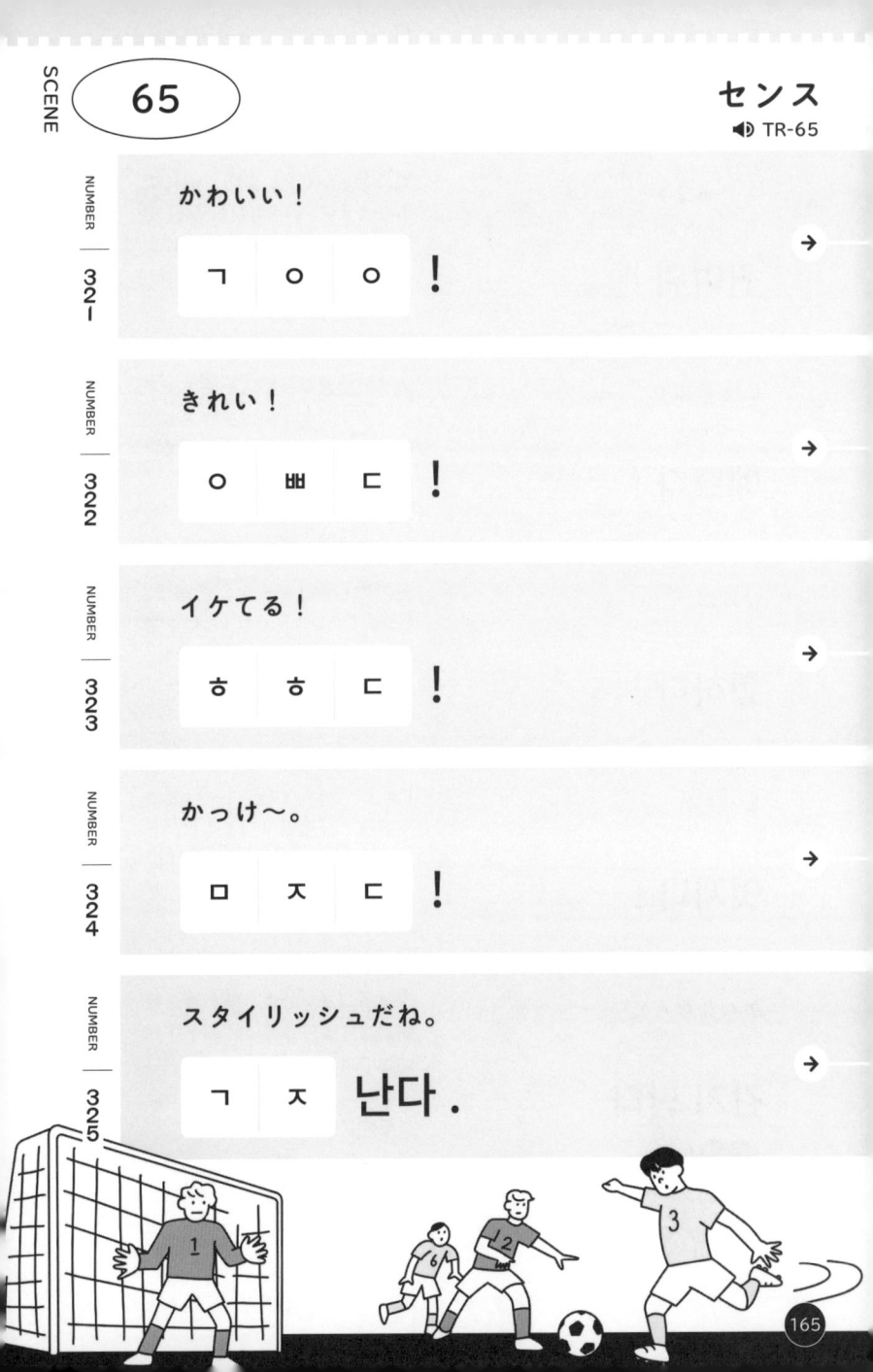

165

321 →	くぃようぉ **귀여워!**	見た目、しぐさ、表情…何にでも使えます。「너의 자는 모습 진짜 귀여워！(君の寝顔、本当にかわいい！)」
322 →	いぇっぷだ **예쁘다!**	人、物、風景など幅広く使えます。ドラマでは「너랑 있으면 세상이 다 예뻐 보여.(君といると世界がきれいに見える)」は定番。
323 →	ひぱだ **힙하다!**	英語の「hip」からきた言葉で、「イケてる、おしゃれ」という意味です。「그 안경, 완전 힙하다！(そのメガネ、めっちゃイケてる!)」
324 →	もっちだ **멋지다!**	「かっこいい、すばらしい」という意味で、「멋있다！」とも言います。「너 진짜 멋지고 센스 있다！(本当にかっこよくてセンスがあるね)」
325 →	かんじなんだ **간지 난다.**	ファッションでよく使われる言葉。간지は日本語の「感じ」が語源で、나다＝出る。간지＋난다で「かっこいい、イケてる」という意味になります。

NUMBER 326

(ほめ言葉で) エグい！

ㅍ 미쳤다！ →

NUMBER 327

まじ天才。

완전 ㅊ ㅈ 네． →

NUMBER 328

知性派イケメン。

ㄴ ㅅ ㄴ ． →

NUMBER 329

最高。

ㅈ ㅈ 이다． →

NUMBER 330

大したことないよ。

ㅂ ㄱ 아니야． →

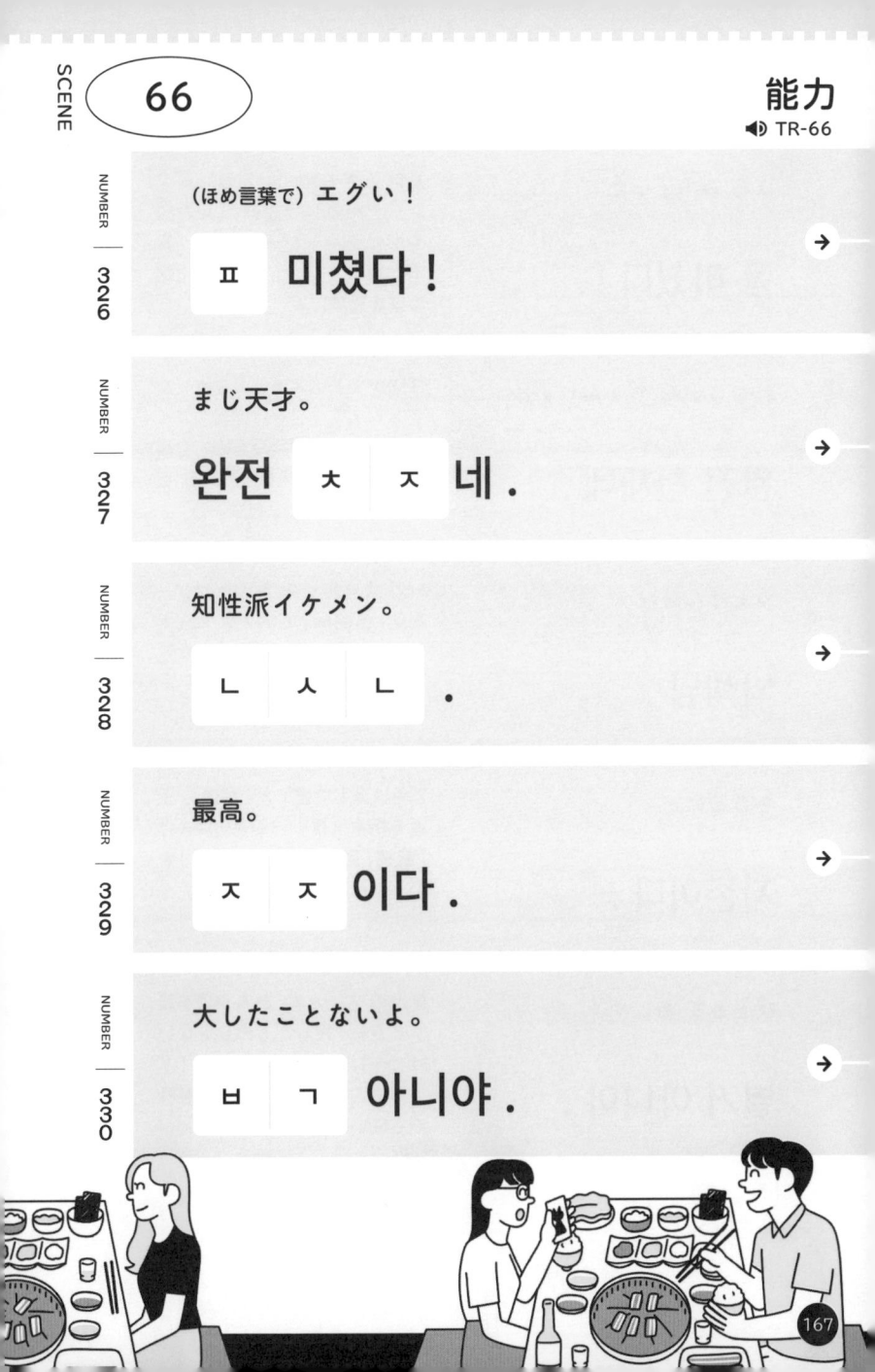

326

ぽむ みちょった

폼 미쳤다 !

폼 は英語の form、미쳤다は クレージーという意味。「見た目や形がクレージー」つまり「異常なほどすごい」という最上級のほめ言葉。

327

わんじょん ちょんじぇね

완전 천재네 .

仲間がすごいアイデアを出したときなどに。완전＝完全。アイドルグループが兵役を経て全員そろうと「완전체（完全体）」。천재＝天才、-네＝〜だな。

328

ぬぇせんなむ

뇌섹남 .

뇌가 섹시한 남자（脳がセクシーな男）の略語。知的でスマートな男性を表す新造語です。女性の場合は뇌섹녀。

329

ちじょにだ

지존이다 .

지존は漢字で書くと「至尊」。王者を指す言葉で、「지존이다.」は「最高、最強、ナンバーワン」といった意味のスラングです。

330

ぴょるご あにや

별거 아니야 .

謙遜のフレーズ。おみやげを渡すときに「大したものじゃないけど…」、心配されたときに「どうってことないよ」という意味でも使います。

NUMBER 331

迷子になっちゃった…。

길을 ㅇ ㅇ ㄴ …. →

NUMBER 332

こっちじゃない？

ㅇ ㅉ 아니야？ →

NUMBER 333

カカオマップ見よう。

ㅋ ㅋ ㅇ ㅁ 보자. →

NUMBER 334

私、方向音痴なの。

나 ㄱ ㅊ 야. →

NUMBER 335

じゃあ、聞いてみよう。

그럼 ㅁ ㅇ ㅂ ㅈ . →

331

きるる いろんね

길을 잃었네 ….

直訳は「道を失ったね」。「人生の方向性を見失った」など比喩的にも使います。もっとうろうろしている状態は「길을 헤매다（道をさまよう）」。

332

いっちょ がにや

이쪽 아니야 ?

이쪽＝こっち、아니야?＝〜ちがう? 方向を表す言葉、저쪽（あっち）、오른쪽（右）、왼쪽（左）なども覚えてね。

333

かかおめぷ ぽじゃ

카카오맵 보자 .

カカオマップは韓国で一番有名な地図アプリ。でも残念ながら日本語表記はないみたい。日本語対応なら「NAVERマップ」がおススメです。

334

な ぎるちや

나 길치야 .

길（道）と -치（〜音痴）を組み合わせた言葉。「방향（方向）치」とも言います。운동치（運動音痴）、기계치（機械音痴）…あなたは何音痴?

335

くろむ むろぽじゃ

그럼 물어보자 .

道に迷ったとき頼りになるのが관광통역안내사（観光通訳案内士）。赤い帽子と赤いシャツが目印です。

68

風邪ひいた

🔊 TR-68

NUMBER 336

ハクション！

ㅇ ㅊ ！

NUMBER 337

風邪ひいたみたい。

ㄱ ㄱ 들었나 봐 .

NUMBER 338

のどが痛いな。

ㅁ 이 ㅇ ㅍ ㄴ .

NUMBER 339

ぞくぞくする。

ㅇ ㅅ ㅇ ㅅ 해 .

NUMBER 340

薬飲んで早く寝てね。

ㅇ ㅁ ㄱ 얼른 자 .

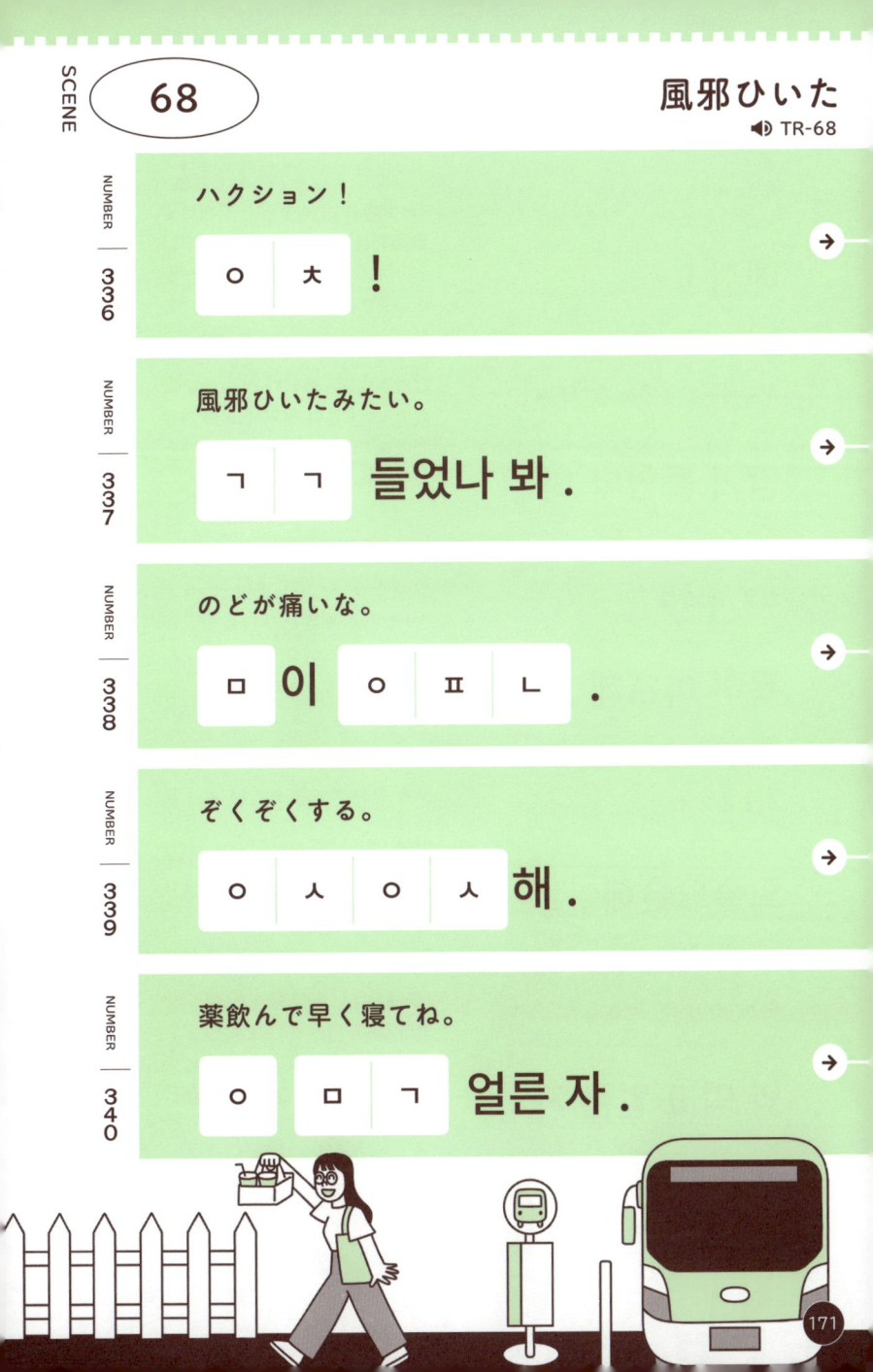

| 336 → | えちゅぃ

에취! | こう聞こえたら「감기 조심해.（お大事に）」って言ってあげて。韓国では、誰かがうわさしているサインは귀가 가렵다（耳がかゆい）です。 |

| 337 → | かむぎ どぅろんな ぽぁ

감기 들었나 봐. | 감기=風邪、들었나 봐=ひいたみたい。「몸이 무거워.（身体がだるい）」ときは「푹 쉬어.（ゆっくり休んでね）」。 |

| 338 → | もぎ あぷね

목이 아프네. | 風邪をひいたり노래방（カラオケ）で歌いすぎたりしてのどが痛いときは、생강차（生姜茶）が効きますよ。 |

| 339 → | うするすれ

으슬으슬해. | 悪寒や寒さで震える様子。「背中がぞくぞくする」ときは「등이 오싹거린다.」と言います。「옆구리（わき腹）가 시리다.」は「独り身でさみしい」という意味。 |

| 340 → | やん もっこ おるるん ちゃ

약 먹고 얼른 자. | 「薬を飲む」を韓国語では「약을 먹다（薬を食べる）」と言います。液体ではないものは基本的に마시다（飲む）ではなく먹다（食べる）を使います。 |

NUMBER 341

助けて！

ㅅ ㄹ ㅅ ㄹ ！ →

NUMBER 342

火事だ！

ㅂ 이야！ →

NUMBER 343

ドロボー！

ㄷ ㄷ 이야！ →

NUMBER 344

捕まえて！

ㅈ ㅇ ㄹ ！ →

NUMBER 345

大変だ〜！

ㅋ ㅇ 났다！ →

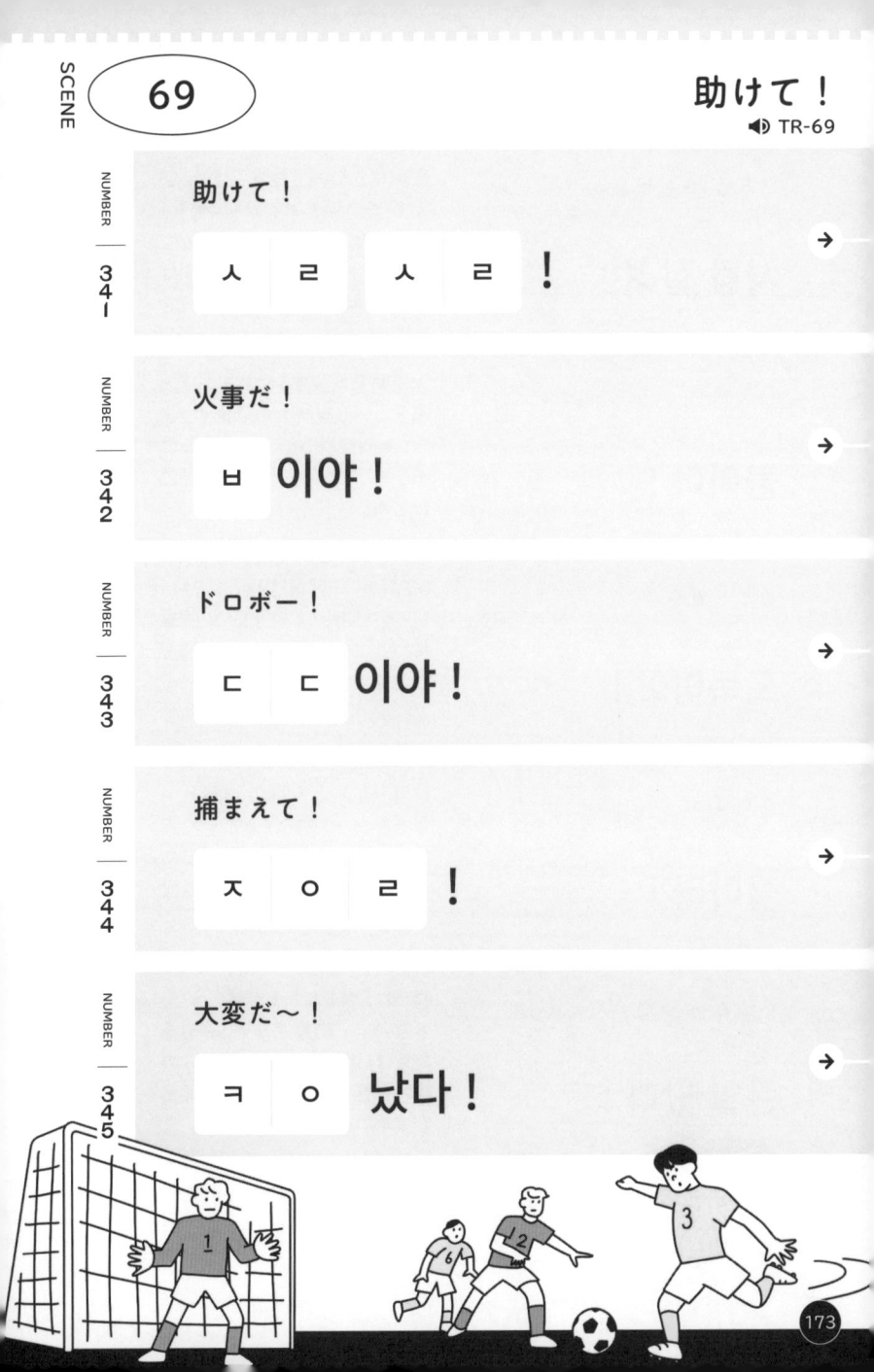

341 →	さらむ さるりょ ## 사람 살려！	直訳は「人（を）生かして」。切迫しているため、助詞「을（〜を）」は省略されることが多い。手伝いがほしい「助けて」は「도와주세요.」と言います。
342 →	ぷりや ## 불이야！	火や電気を表す「불」には、「火事」という意味もあります。また、부랴부랴（あたふた）は、この「불이야！」という言葉が語源だとか。
343 →	とどぅぎや ## 도둑이야！	「도둑이야！」「어디？（どこ？）」「여기 있지！ 내 마음을 훔친 도둑！（ここよ！ 私のハートを盗んだ泥棒よ！）」。
344 →	ちゃばら ## 잡아라！	잡다（捕まえる）に、-아라（〜しろ）という命令形がついた形。痴漢やひったくりなどに遭ったら、周りの人に聞こえるよう大声で叫んで。
345 →	くにる らった ## 큰일 났다！	直訳は「大きなことが起こった」。ちなみに、結婚式など「큰일을 치르다（重要な行事を行う）」の場合は큰일ではなく큰닐と発音します。

しっかり！
🔊 TR-70

NUMBER 346

しっかりして！

| ㅈ | ㅅ | | ㅊ | ㄹ | ！ | → |

NUMBER 347

目を開けて！

| ㄴ | ㄸ | 봐 ！ | → |

NUMBER 348

聞こえる？

| ㅁ | ㅅ | ㄹ | 들려 ？ | → |

NUMBER 349

返事して！

| ㄷ | ㄷ | 해 봐 ！ | → |

NUMBER 350

気がついた？

이제 | ㅈ | ㅅ | 드니 ？ | → |

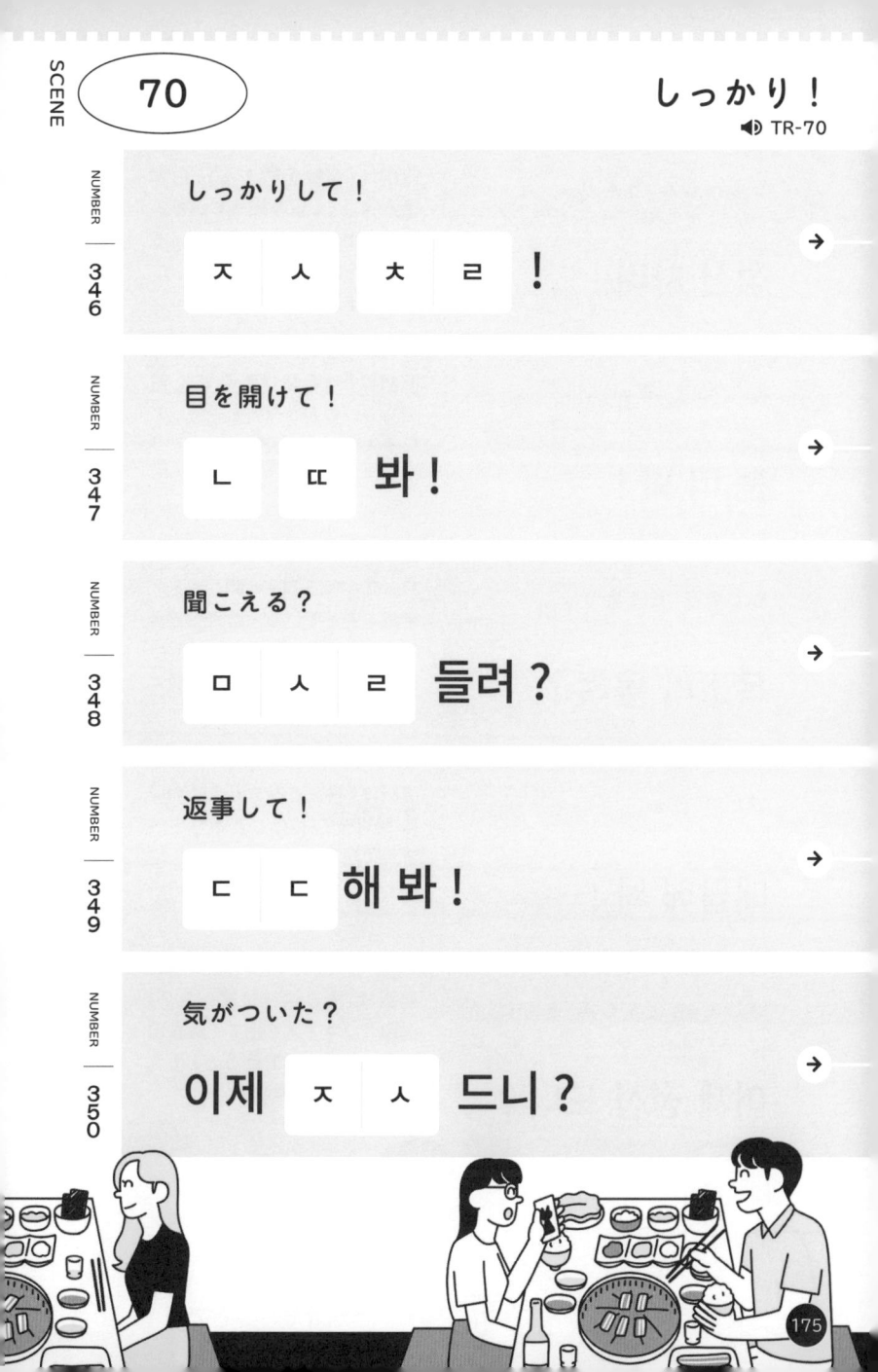

346 → **ちょんしん ちゃりょ** 정신 차려 !	直訳は「精神を整えろ」。日本語と同じく、気を失っている人に声をかけたり、気弱になっている人を励ましたりするときに使います。
347 → **ぬん っと ぼぁ** 눈 떠 봐 !	直訳は「目を開けてみて」。気絶している人や現実を見失っている人に対して使います。
348 → **もくそり どぅるりょ** 목소리 들려 ?	목소리=声、들려?=聞こえる? 意識を失っている人の耳元で言うだけでなく、電話中に相手の声が途切れがちなときにも使える表現です。
349 → **てだぺ ぼぁ** 대답해 봐 !	直訳は「答えてみて」。「날 어떻게 생각해?(私のことどう思ってる?)」「…….」「대답해 봐!」。
350 → **いじぇ ちょんしん とぅに** 이제 정신 드니 ?	直訳は「もう精神は戻った?」医療ドラマでよく出てくる表現です。日常会話で使うと「正気に戻った?」の意味。

176

Question

イラストに合う韓国語のオノマトペはどれでしょう？

ひそひそ

ぶつぶつ

もじもじ

胸キュン

⬇ 選択肢の中から選んでね！

A そごんそごん
소곤소곤

B うむるっちゅむる
우물쭈물

C とぅどるとぅどる
투덜투덜

D しむくん
심쿵

こたえは次のページ ➔

Answer

韓国語ではこう表現するよ！

そごんそごん
소곤소곤 A

とぅどるとぅどる
투덜투덜 C

うむるっちゅむる
우물쭈물 B

しむくん
심쿵 D

ほかにも こんなオノマトペがあるよ

ぺらぺら	→	なぶるらぶる **나불나불**	ざわざわ	→ うんそんうんそん **웅성웅성**
わいわい	→	わぐるぁぐる **와글와글**	そわそわ	→ しんすんせんすん **싱숭생숭**
ドキドキ	→	とぅぐんどぅぐん **두근두근**	はらはら	→ ちょまじょま **조마조마**

NUMBER 351

誕生日おめでとう！

| ㅅ | ㅊ | ！ |

→

NUMBER 352

幸せなチュソクを！

| ㅁ | ㄹ | ㅊ | ㅅ | ！ |

→

NUMBER 353

あけおめ。

| ㅁ | ㄹ | ㅅ | ㄴ | 。 |

→

NUMBER 354

昼ごはんは何がいいかな？

| ㅈ | ㅁ | ㅊ | 。 |

→

NUMBER 355

夕食何がいいかな？

| ㅈ | ㅁ | ㅊ | 。 |

→

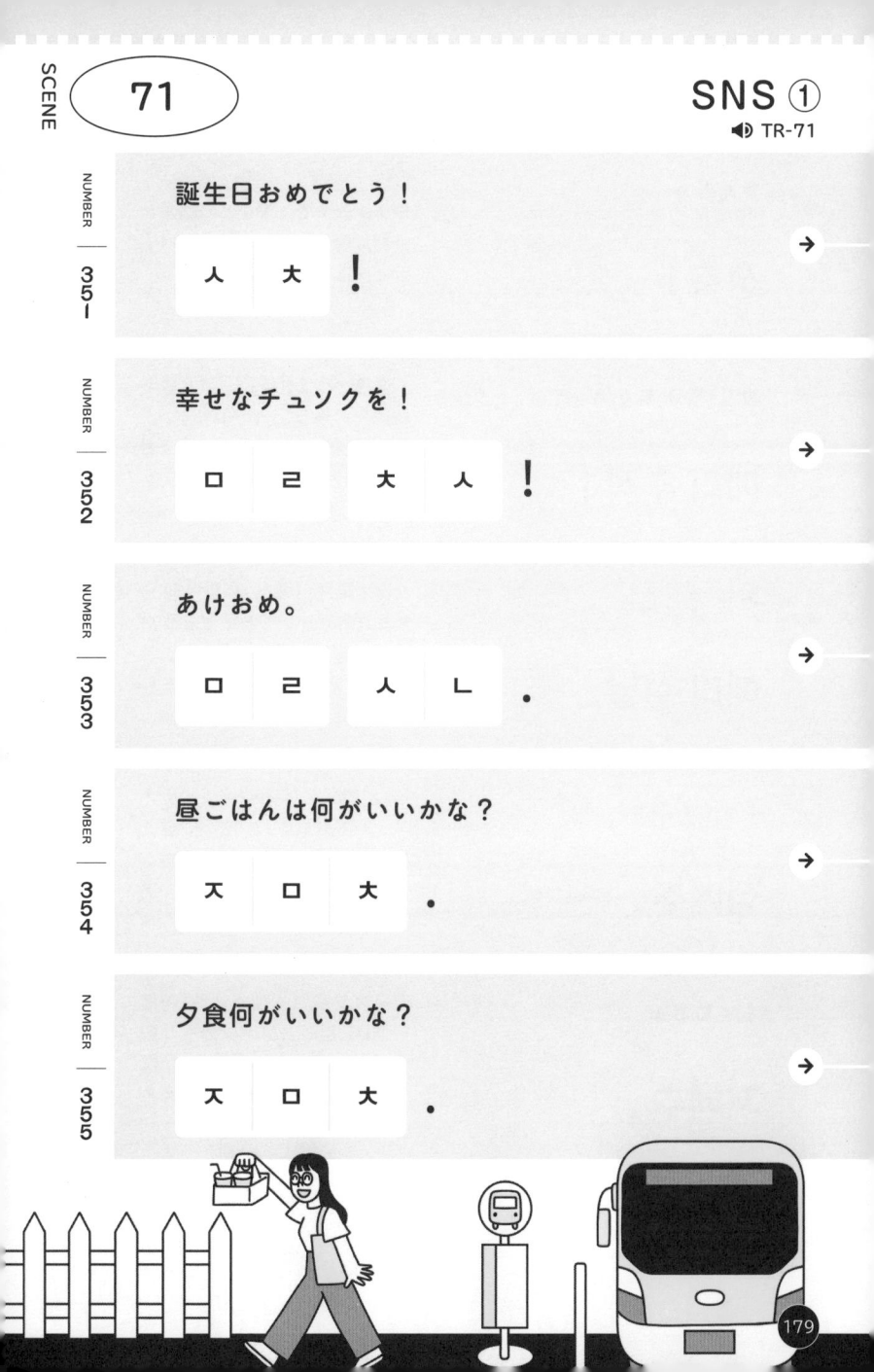

351 →	せんちゅく 생축！	「생일 축하해.」の略語です。SNS やチャットで花束などの画像と一緒に贈ることも。誕生日パーティーは생파と言います。
352 →	めり ちゅそく 메리 추석！	추석(秋夕)は설날(正月)と並ぶ韓国の大事な伝統行事です。メリークリスマスのメリー(메리)をつけて、「幸せなチュソクを！」。
353 →	めり そるらる 메리 설날．	설날=正月。「새해 복 많이 받으세요.(あけましておめでとう)」のカジュアルな言い方です。SNSやチャットでよく使います。
354 →	ちょむめちゅ 점메추．	「점심 메뉴 추천해 줘.(ランチメニュー推薦して)」の略語。昼ごはんを食べたいけど何を食べるか決められないときに使います。
355 →	ちょめちゅ 저메추．	저녁=夕食。「점메추.」や「저메추.」は、推しとファンのやり取りの中でもよく使われます。推しにメニューを決めてもらえるなんて最高ですよね！

NUMBER 356

既読スルー

ㅇ ㅆ →

NUMBER 357

未読スルー

ㅇ ㅇ ㅆ →

NUMBER 358

フォローありがとう。

ㅍ ㄹ ㅇ 고마워. →

NUMBER 359

インスタ映え

ㅇ ㅅ ㅌ ㄱ ㅅ →

NUMBER 360

フラグだ。

ㄱ 이다. →

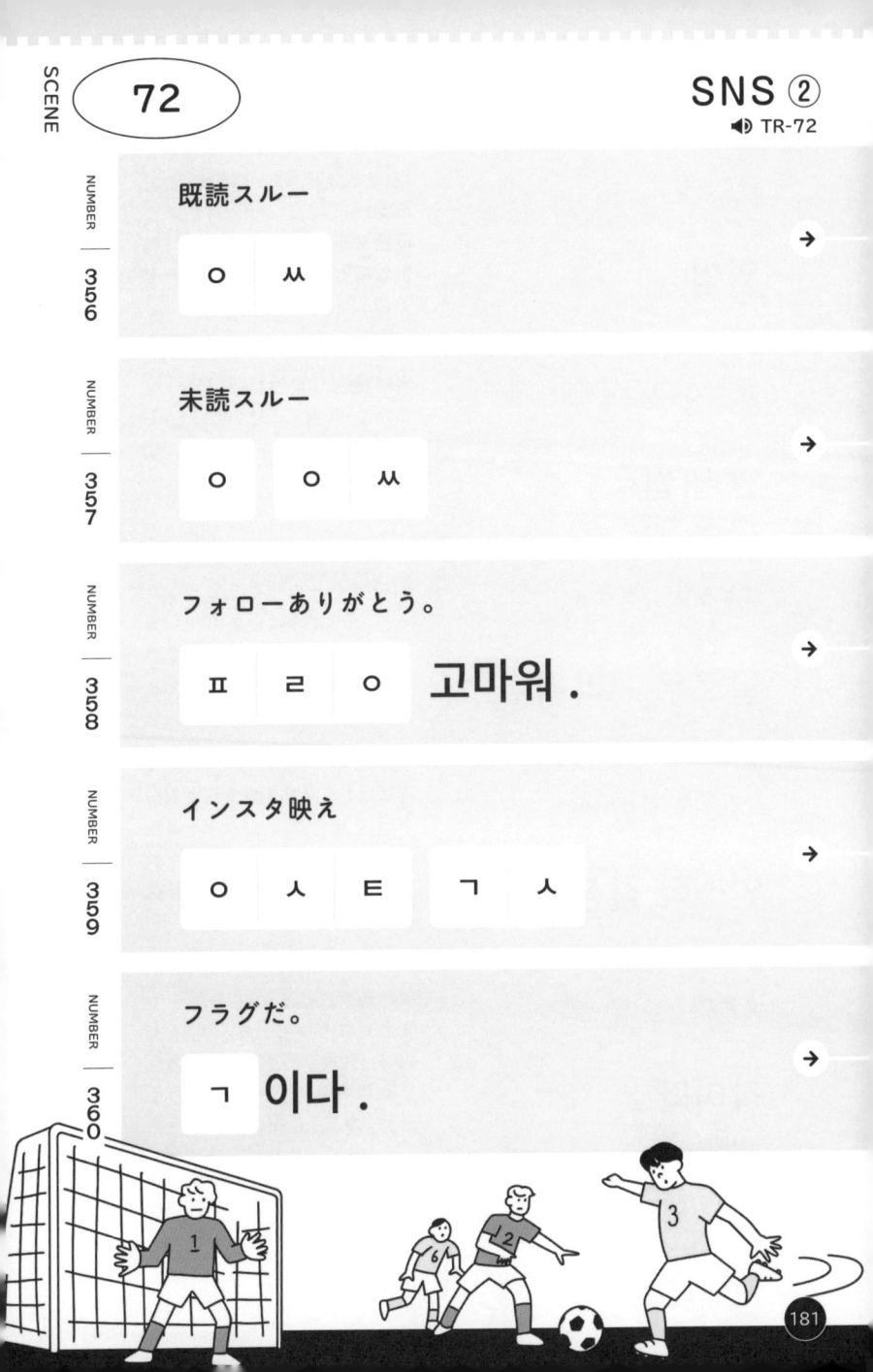

356 →	いくっしぷ 읽씹	「읽고 씹었어.(読んで無視した)」の略語。「너 또 읽씹했지?(また既読スルーしたでしょ？)」「왜 읽씹해?(なんで既読スルーするの？)」。
357 →	あ にくっしぷ 안 읽씹	읽다(読む)に 안(〜しない)をつけて「未読」。「안 읽씹 그만해, 서운해.(未読スルーはやめて。寂しいよ)」。
358 →	ぱるろう こまうぉ 팔로우 고마워 .	SNSをフォローしてもらったら、こんな返事はいかが？「나도 팔로우할게!(私もフォローするね!)」「자주 소통하자!(たくさん交流しよう!)」。
359 →	いんすた がむそん 인스타 감성	直訳は「インスタ感性」。#감성 카페(#映えカフェ)など、単語に 감성(感性)がつくとおしゃれ感が増します。似た新造語「갬성(エモい)」もぜひ。
360 →	かぎだ 각이다 .	각=角度。ビリヤードから生まれたスラングです。「야근 각이다.(残業フラグだ)」「데이트 성공 각이다!(デート成功しそう!)」のように使います。

NUMBER 361

とっておきの話をするよ。

ㅆ 푼다. →

NUMBER 362

同じく。

ㄷ ㅌ . →

NUMBER 363

気絶。

ㄱ ㅈ . →

NUMBER 364

男友だち

ㄴ ㅅ ㅊ →

NUMBER 365

ショック！

ㅁ ㅂ 이다! →

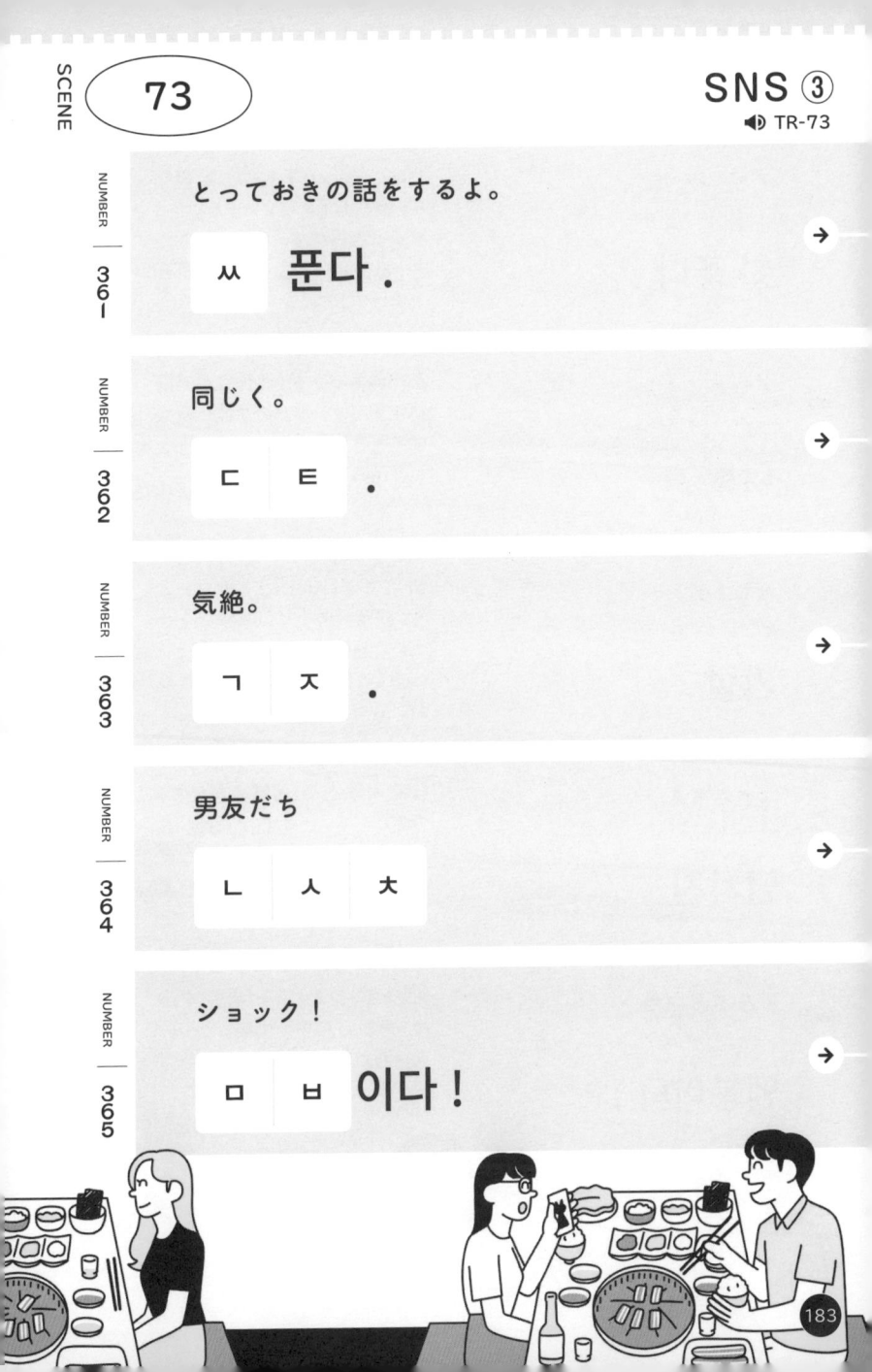

361

そる ぷんだ

썰 푼다 .

썰は「エピソード」、푼다は「ほぐす、暴く」。「エピソードを話す」という意味です。こう言われたら「기대돼！（楽しみ！）」と乗ってあげて。

362

てぃと

디토 .

英語のスラング「ditto」の韓国語表記です。誰かの意見に賛成するとき「同感」とか「私も」という意味で使います。

363

きじょる

기절 .

SNSでは「KIJUL」と書くことも。興奮のあまり気を失いそうという意味で、日本語の「死ぬ」に近い。「このチヂミめっちゃおいしい。기절.」。

364

なむさちん

남사친

남자 사람 친구（男性の友だち）の略語です。남자 친구（彼氏）とは違うただの男友だちという意味。女友だちは여사친と言います。

365

めんぶんいだ

멘붕이다 !

멘탈（メンタル）붕괴（崩壊）を縮めて멘붕。「徹夜で作業したデータが消えた… 멘붕이다！」。

NUMBER
366

イチオシ

ㄱ 大

→

NUMBER
367

リア充

ㅇ ㅆ

→

NUMBER
368

どうでもいい。

ㅌ ㅇ ㅇ ㅇ .

→

NUMBER
369

しらけた。

ㄱ ㅂ ㅆ .

→

NUMBER
370

ささやかな幸せ

ㅅ ㅎ ㅎ

→

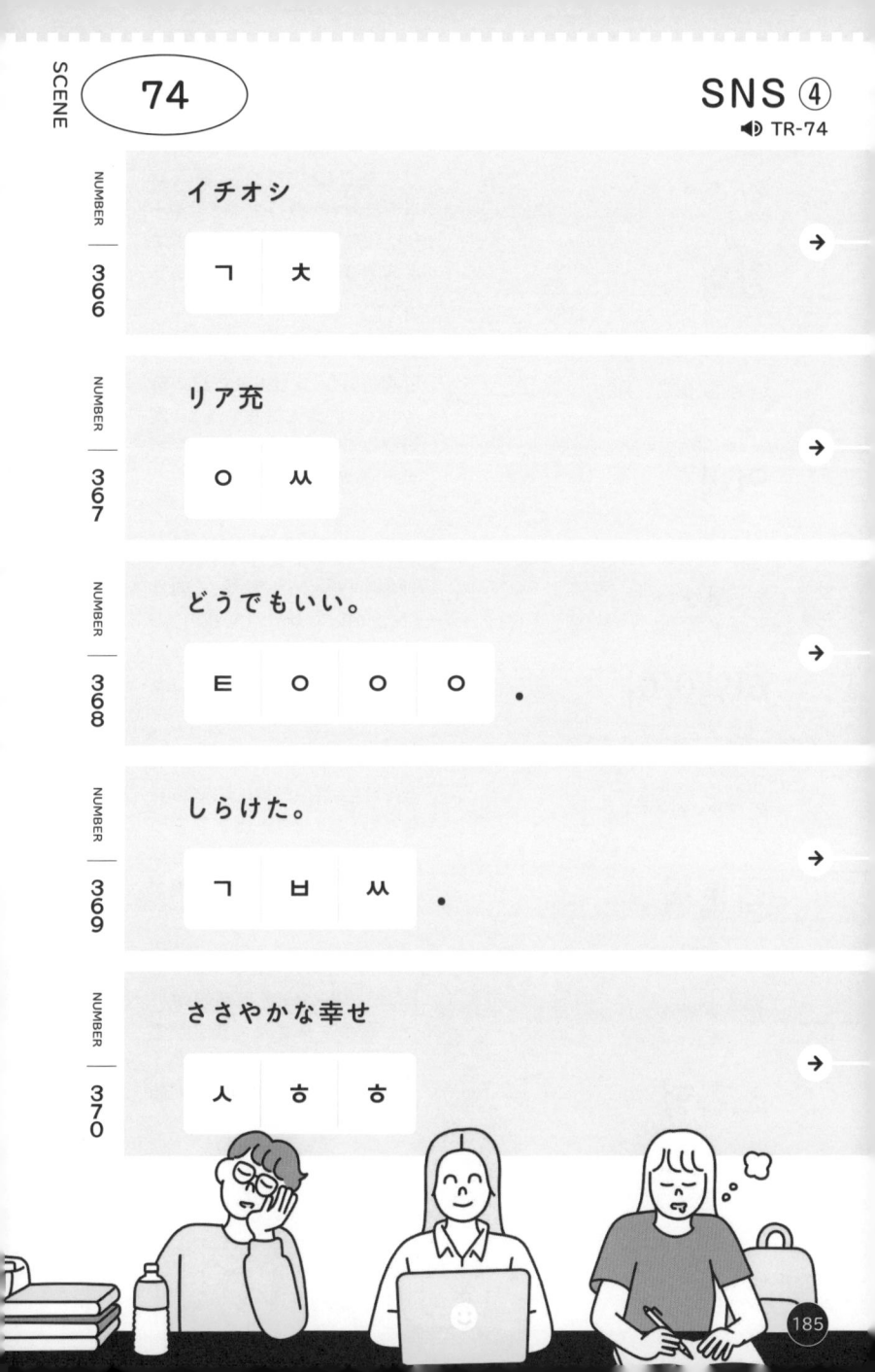

366 →	かんちゅ 강추	강력 추천（強力推薦）の略。「강추＋영화（映画）」とか「강추＋노래（歌）」でネット検索します。反対語は비추천（非推薦）の略で비추。
367 →	いんっさ 인싸	인 싸이더（インサイダー）」の略で、社交的な人気者のこと。反対語は아웃싸이더（アウトサイダー）の略で아싸（ぼっち）。
368 →	てぃえまい 티엠아이.	TMIのハングル表記。TMIは「too much information」の略で「多すぎる情報」つまり「知らなくてもいい余分な情報」という意味。
369 →	かっぷんっさ 갑분싸.	갑자기（突然）분위기（雰囲気）싸해지다（冷える）の頭文字をつなげた造語。突然会話がしらけたり、予想外のコメントで場が凍ったりしたときに。
370 →	そふぁけん 소확행	「소소하지만 확실한 행복（小さいけど確かな幸せ）」の頭文字をつなげた造語。村上春樹のエッセーに出てくる「小確幸」が韓国人にも刺さりました。

NUMBER

371

朝飯前。

누워서 [ㄸ] [ㅁ] [ㄱ] .

NUMBER

372

夢のまた夢。

하늘의 [ㅂ] [ㄸ] [ㄱ] .

NUMBER

373

ちりも積もれば山となる。

[ㅌ] [ㄲ] 모아 태산 .

NUMBER

374

棚からぼたもち。（行く日が市場の日）

가는 날이 [ㅈ] [ㄴ] .

NUMBER

375

知らぬが仏。

모르는 게 [ㅇ] .

371

ぬうぉそ っとん もっき

누워서 떡 먹기 .

直訳は「寝そべって餅を食べる」で、「とても簡単なこと」という意味です。「식은 죽 먹기(冷めたおかゆを食べる)」という言い方もあります。

372

はぬれ びょる ったぎ

하늘의 별 따기 .

直訳は「天の星をつかみ取ること」で、「実現はほぼ不可能」という意味。「표 구하기가 하늘의 별 따기야.(チケットを手に入れるのは夢のまた夢)」。

373

てぃっくる もあ てさん

티끌 모아 태산 .

直訳は「塵も集まれば泰山」。泰山は中国にある大きな山のこと。コツコツ続ける地道な努力が成功につながります。

374

かぬん なり じゃんなる

가는 날이 장날 .

直訳は「行く日が市場の日」。日本語の「たなぼた」と違って「思いがけない幸運」と「思いがけない不運」どちらにも使えます。

375

もるぬん げ やく

모르는 게 약 .

直訳は「知らぬが薬」。「모르는게 약이다.」とも言います。知らないほうが幸せ? それとも「언젠가 알아야 할 것 같아.(いつか知るべき)」?

NUMBER 376

話したいことがあるの。

ㅎ ㅁ ㅇ 있어.

→

NUMBER 377

なんだろ? ドキドキする。

뭔데? ㅅ ㄹ ㄷ .

→

NUMBER 378

好き。

ㅈ ㅇ ㅎ .

→

NUMBER 379

一緒にいたい。

ㄱ ㅇ 있고 싶어.

→

NUMBER 380

今日から付き合おう。

ㅇ ㄴ 부터 1 ㅇ .

→

| 376 → | はる まり いっそ

할 말이 있어 . | 할 말=言いたいこと。恋人から
こう言われたらドキッですね。
「결혼해 줘 . (結婚して)」なのか、
はたまた「헤어지자… . (別れよ
う…)」なのか。 |

| 377 → | むょんで そるれんだ

뭔데 ? 설렌다 . | 설레다=ときめく。恋に関する
ドキドキだけでなく、喜びや期
待で胸がわくわくするといった
意味もあります。 |

| 378 → | ちょあへ

좋아해 . | 韓国ドラマやK-POPで頻繁に
登場するフレーズ。「좋아해 . (好
きだ)」「나도 너 많이 좋아해 . (私
もあなたのことが大好き)」。 |

| 379 → | かち いっこ しぽ

같이 있고 싶어 . | 같이=一緒に。있고 싶어は、「い
る」という意味の있다の語幹に、
-고 싶다 (〜したい)がくっつい
て、よりくだけた形の-고 싶어
に変化したもの。 |

| 380 → | おぬるぶと いりる

오늘부터 1 일 . | 直訳すると「今日から1日」で、
「今日から付き合い始めよう」
という意味。韓国では付き合っ
て100日目の記念日 (100일)
を盛大にお祝いします。 |

NUMBER

381

私たち付き合おう。

우리 ㅇ ㅇ ㅎ ㅈ . →

NUMBER

382

ラーメン食べてかない？

ㄹ ㅁ ㅁ ㄱ 갈래? →

NUMBER

383

恋人になってくれる？

ㄴ ㄲ 할래? →

NUMBER

384

結婚してくれる？

ㄱ ㅎ ㅎ 줄래? →

NUMBER

385

愛してる。

ㅅ ㄹ ㅎ . →

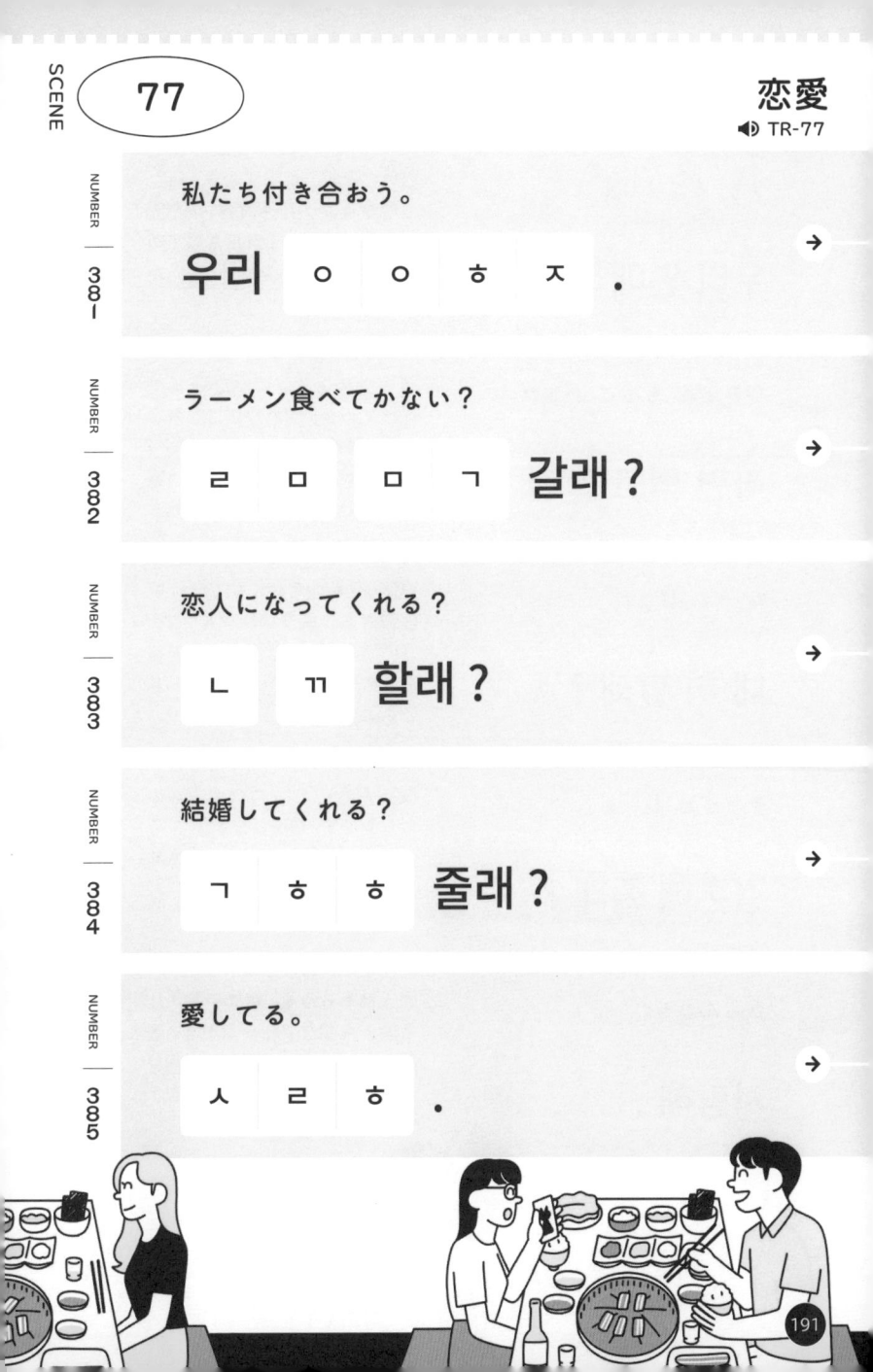

381

うり よねはじゃ

우리 연애하자 .

연애＝恋愛。直訳すると「私た
ち恋愛しよう」。ちなみに、恋愛
の前段階にある「友だち以上恋
人未満」の関係を썸타다（何か
ある）と言います。

382

らみょん もっこ がるれ

라면 먹고 갈래 ?

デートのあと、彼女を家まで
送って行き、別れ際にこう言わ
れたら「今晩泊まっていく？」
という意味。映画『春の日は過
ぎゆく』のセリフが起源です。

383

ね っこ はるれ

내 꺼 할래 ?

直訳は「私のものになる？」。告
白のときに使うフレーズです。
TikTokや歌の歌詞など、若者
文化のなかで軽いノリで使われ
ることも。

384

きょろね じゅるれ

결혼해 줄래 ?

親しみを込めたプロポーズの
セリフです。OKしますか？ そ
れとも「생각해 볼게.（考えさせ
て）」かな？

385

さらんへ

사랑해 .

恋人はもちろん、家族や友人に
も贈る大切なフレーズです。芸
能人はファンに対して「여러분
사랑해요.（みなさん愛してま
す）」と言いますね。

CHAPTER 4

韓国ドラマでよく聞く
語尾表現

4

語尾表現で会話力アップ

　韓国ドラマの食事のシーンで「미쳤다！」というセリフを耳にしたことはありませんか？　動詞や形容詞の語幹に「-았/었다」がつくと、過去形（～した、～だった）を表します。直訳すると「狂った！」となりますが、ここでは「すごくおいしい！」という意味で使われています。英語の "crazy！" も驚きや賞賛を込めて肯定的に使われることがありますよね。

　また、ドラマによく出てくるセリフに「아니잖아」があります。これは「違うだろ、そうじゃないでしょ」という意味で、「-잖아」は、相手に対して「当然こうだろう」という気持ちを込めた語尾です。

　4章では、このような韓国ドラマでよく耳にする定番の語尾表現から 14 種類を厳選し、それぞれ 5 つ、合計 70 個のフレーズをご紹介します。これらを覚えておけば、韓国のテレビ番組を視聴する際に役立つこと間違いなし！

- 지 마 (〜しないで)

🔊 TR-78

NUMBER 3806

行かないで。
かじ ま
가지 마 .

NUMBER 3807

泣かないで。
うるじ ま
울지 마 .

NUMBER 3808

やらないで。(やめて)
はじ ま
하지 마 .

NUMBER 3809

気にしないで。
しんぎょん っすじ ま
신경 쓰지 마 .

NUMBER 390

浮気しないで。
ばらむぴうじ ま
바람피우지 마 .

大声で叫べ！
そり じるろ
소리 질러 !

ついてこい。
たら わ
따라 와 .

乗れ！
た
타 !

また会おう。
と ぼぁ
또 봐 .

健康に気をつけて。
こんがん じょしめ
건강 조심해 .

80 - 아라 / 어라 / 해라 (〜して、〜しなさい)

🔊 TR-80

いい加減にして。

ちょくたんひ じょむ へら
적당히 좀 해라.

たくさん食べなさい。

まに もごら
많이 먹어라.

しっかり隠れろ。

こっこく すもら
꼭꼭 숨어라.

優しく運転して。

さるさる もらら
살살 몰아라.

お風呂に入って寝なさい。

しっこ じゃら
씻고 자라.

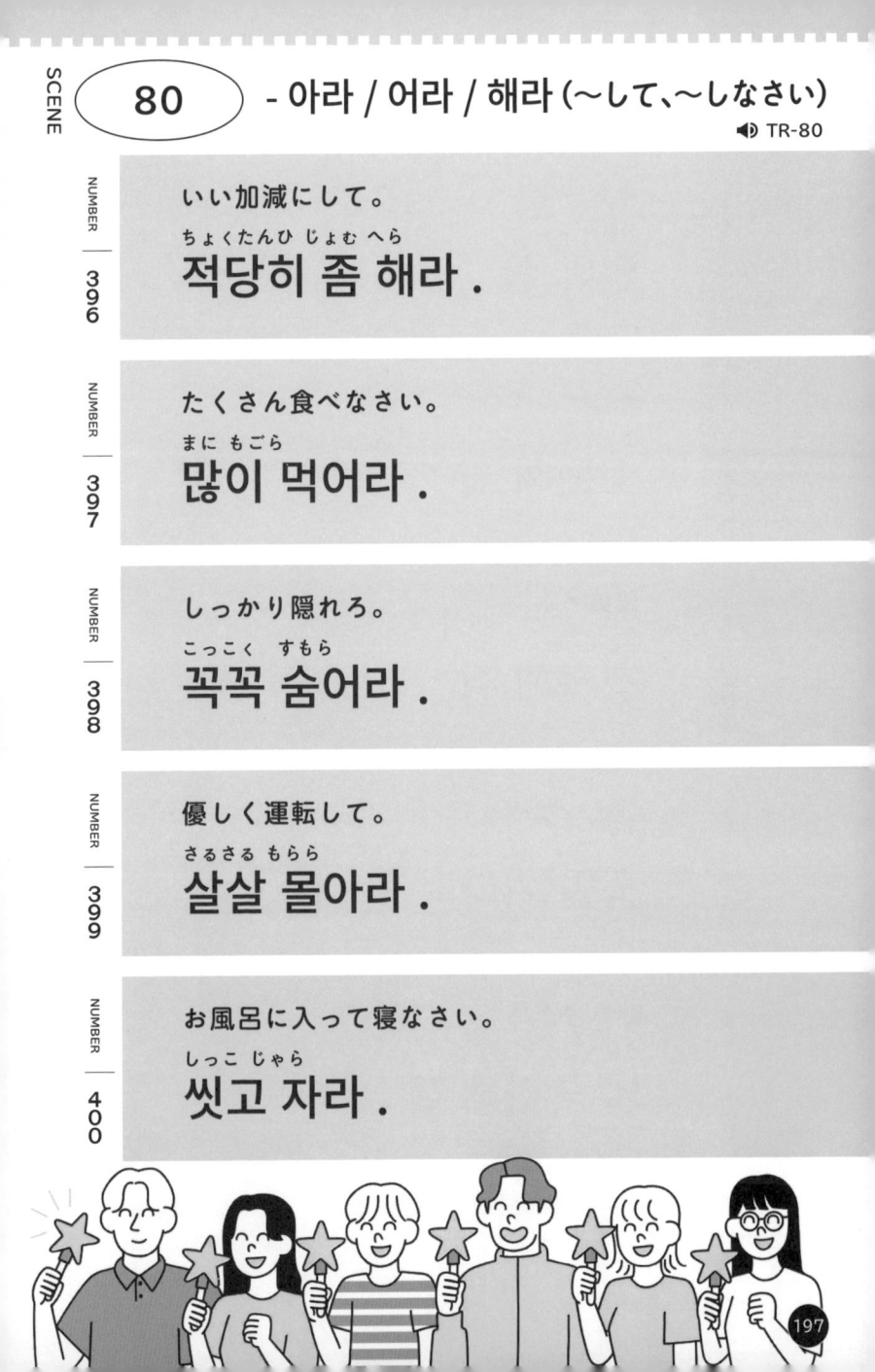

NUMBER 401

ギュッてして。

あなじゅぉ
안아 줘 .

NUMBER 402

チューして。

ぽっぽへ じゅぉ
뽀뽀해 줘 .

NUMBER 403

ほめて。

ちんちゃね じゅぉ
칭찬해 줘 .

NUMBER 404

ちょっと待って。

ちょむまん ぎだりょ じゅぉ
좀만 기다려 줘 .

NUMBER 405

私を好きになって。

なる じょあへ じゅぉ
날 좋아해 줘 .

SELF TICKETING

NUMBER 406

会いたい。

ぼご しぽ
보고 싶어.

NUMBER 407

遊びたい。

のるご しぽ
놀고 싶어.

NUMBER 408

君のことを知りたい。

のるる あるご しぽ
너를 알고 싶어.

NUMBER 409

酔っぱらいたい。

ちゅぃはご しぽ
취하고 싶어.

NUMBER 410

恋愛したい。

よねはご しぽ
연애하고 싶어.

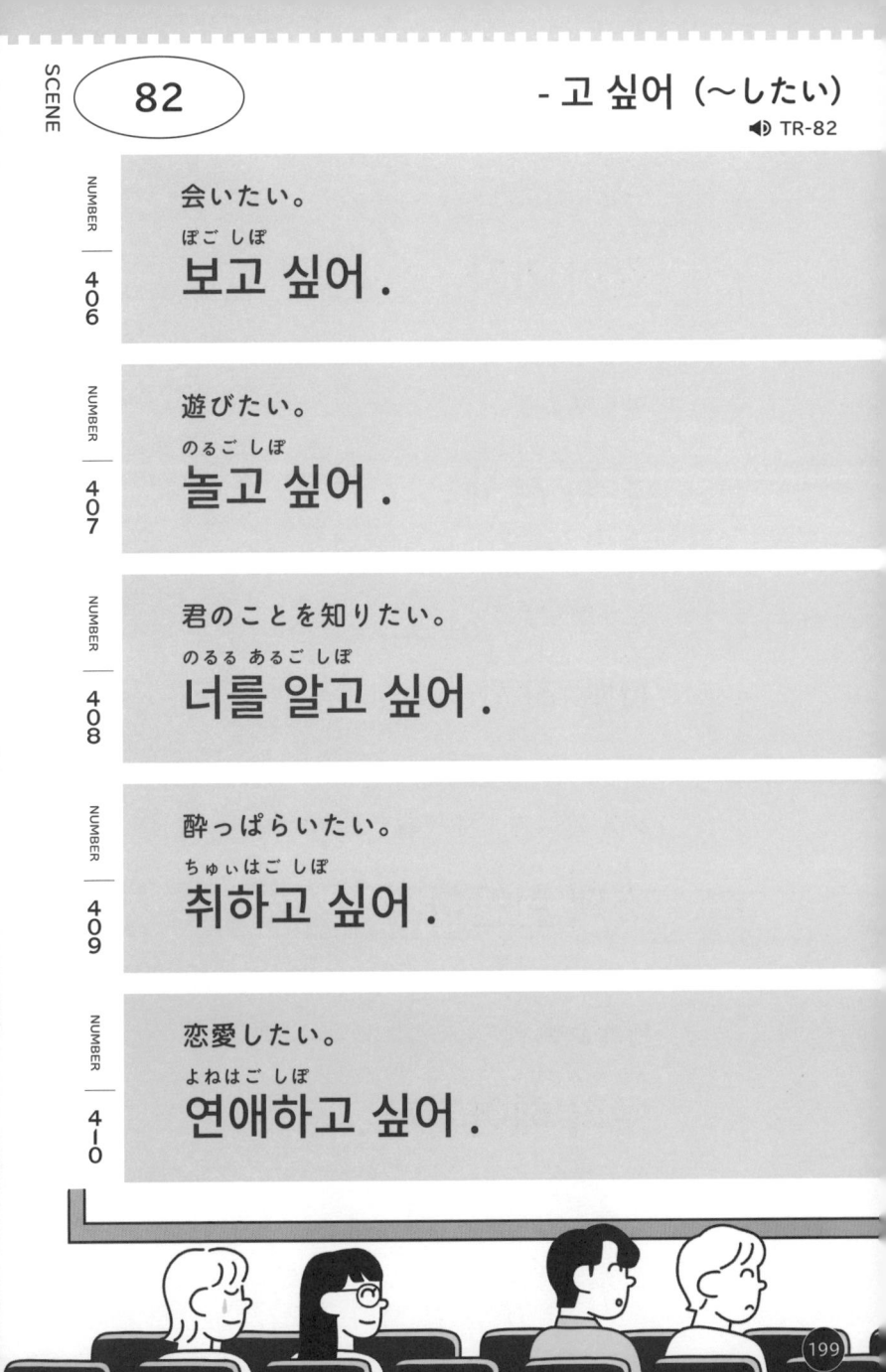

- 자（〜しよう）

🔊 TR-83

NUMBER 4-1

一緒に行こう。

かち がじゃ
같이 가자.

NUMBER 4-2

早く寝よう。

いるっちく ちゃじゃ
일찍 자자.

NUMBER 4-3

割り勘しよう。

えんっぱん はじゃ
N빵 하자.

NUMBER 4-4

ソメク^{（※）}を1杯飲もう。 ※焼酎のビール割

そめ かんじゃなじゃ
소맥 한잔하자.

NUMBER 4-5

別れよう。

うり へおじじゃ
우리 헤어지자.

84　- ㄹ / 을까 ? (〜しようか?)

NUMBER 416

そうしようか？

くろるっか
그럴까？

NUMBER 417

あそこに座ろうか？

ちょぎ あんじゅるっか
저기 앉을까？

NUMBER 418

何頼もうか？

むぉ しきるっか
뭐 시킬까？

NUMBER 419

チメク(※)しようか？　※チキンとビールを食べること

ちめ かるっか
치맥 할까？

NUMBER 420

出前取ろうか？

ぺだるしきるっか
배달시킬까？

NUMBER
421

ランチしない？

ちょむしむ もぐるれ
점심 먹을래 ?

NUMBER
422

映画でも見ない？

よんふぁらど ぼるれ
영화라도 볼래 ?

NUMBER
423

なんか飲む？

むぉ ましるれ
뭐 마실래 ?

NUMBER
424

僕と付き合う？

ならん まんなるれ
나랑 만날래 ?

NUMBER
425

ふざけるつもり？（ふざけるな）

かぶるれ
까불래 ?

SELF TICKETING

- 거든? (～って、～だから)

🔊 TR-86

いや、違うって。

<small>あにごどぅん</small>
아니거든？

いや、合ってるって。

<small>まっこどぅん</small>
맞거든？

もういいって！

<small>とぇっこどぅん</small>
됐거든？

私（のほう）がきれいなんだから。

<small>ねが いっぷごどぅん</small>
내가 이쁘거든？

知ってるって。

<small>など あるごどぅん</small>
나도 알거든？

- 지 (～だろう、～でしょう)

🔊 TR-87

NUMBER 431

これはちょっとないでしょう。

いごん じょむ あにじ
이건 좀 아니지.

NUMBER 432

これはたまらないでしょう。

いごん もっ ちゃむち
이건 못 참지.

NUMBER 433

君は知ってるでしょう?

のん ある ご いっち
넌 알고 있지?

NUMBER 434

今日何着よう?

おぬる むぉ いぷち
오늘 뭐 입지?

NUMBER 435

夕飯何にしよう?

ちょにょげ むぉ もくち
저녁에 뭐 먹지?

- ㄹ / 을게 (〜するね、〜するから)

NUMBER
436

待ってるね。

きだりるけ
기다릴게.

NUMBER
437

電話するね。

ちょぬぁはるけ
전화할게.

NUMBER
438

私が予約するね。

ねが いぇやかるけ
내가 예약할게.

NUMBER
439

飛んで会いに行くから。

ならがるけ
날아갈게.

NUMBER
440

いつもそばにいるから。

ぬる よぺ いっするけ
늘 옆에 있을게.

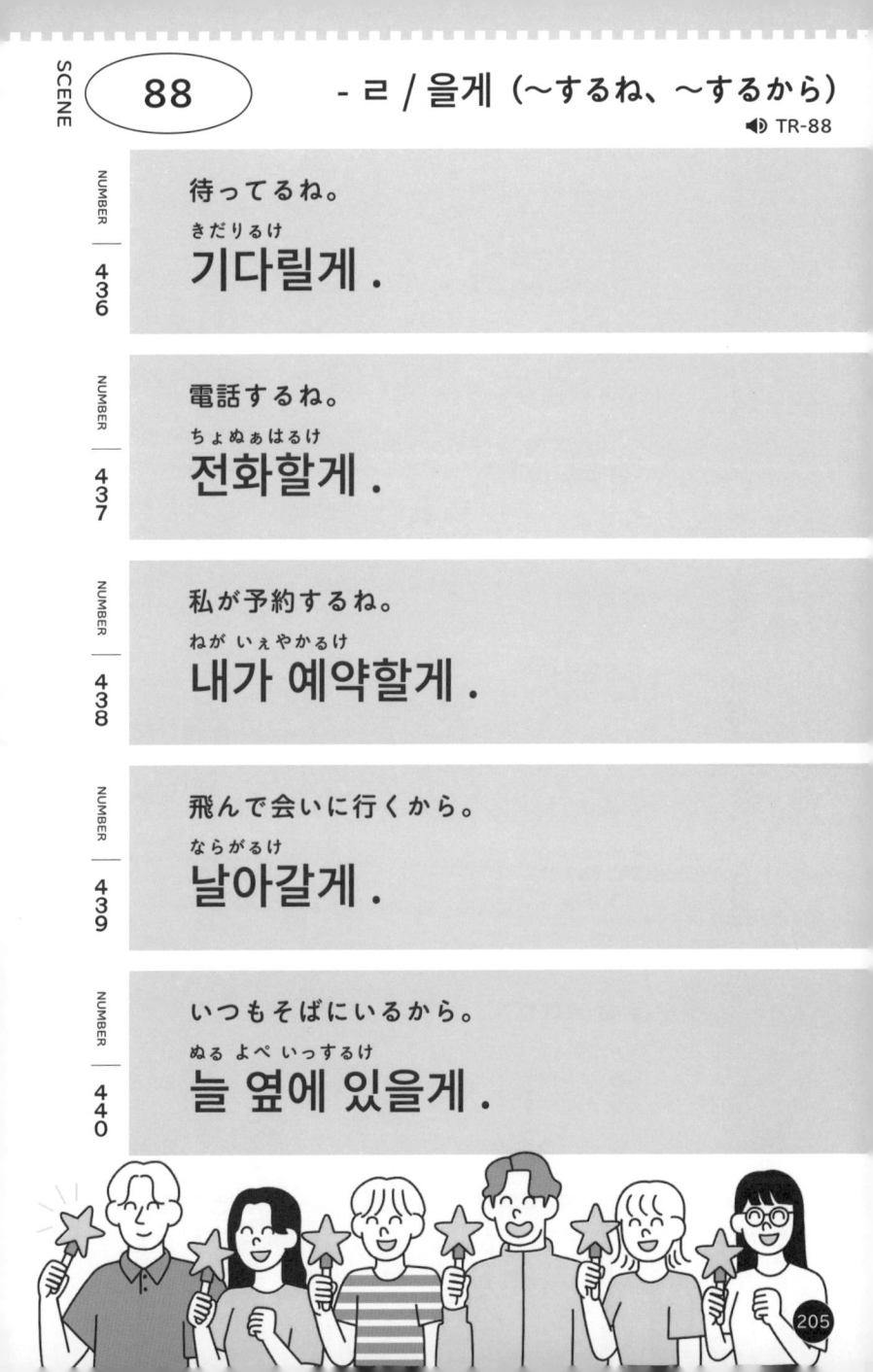

NUMBER
441

バレちゃった！

たっ　こるりょった
딱 걸렸다！

NUMBER
442

ぼろが出た。

ぽろんなった
뽀록났다.

NUMBER
443

気の毒だ。

あんどぇった
안됐다.

NUMBER
444

死んだ！（もう終わりだ！）

ちゅごった
죽었다！

NUMBER
445

メロメロだ！（すごく好きになった！）

ぴょんがった
뽕갔다！

SELF TICKETING

お名前は？

いるみ むぉに
이름이 뭐니 ?

いくつ？

みょっ さりに
몇 살이니 ?

何してるの？

むぉ はに
뭐 하니 ?

それはな〜に？

くげ むぉに
그게 뭐니 ?

どこにいるんだい？

おでぃ いんに
어디 있니 ?

NUMBER
45
1

夏だ！

<ruby>와<rt>わ</rt></ruby>！<ruby>여름<rt>よるみ</rt></ruby><ruby>이다<rt>だ</rt></ruby>！

NUMBER
45
2

海だ！

<ruby>바다<rt>ぱだ</rt></ruby><ruby>다<rt>だ</rt></ruby>！

NUMBER
45
3

天気、マジで最高だ！

<ruby>날씨<rt>なるっし</rt></ruby> <ruby>끝내준다<rt>っくんねじゅんだ</rt></ruby>！

NUMBER
45
4

終わった〜！（自由だ〜！）

<ruby>해방<rt>へばん</rt></ruby><ruby>이다<rt>いだ</rt></ruby>！

NUMBER
45
5

コスパいい！

<ruby>가성비<rt>かそんび</rt></ruby> <ruby>좋다<rt>じょた</rt></ruby>！

INDEX

INDEX

日本語	韓国語	読み	SCENE
いくつ？	몇 살이니？	みょっ さりに	90
イケてる！	죽인다！	ちゅぎんだ	39
イケてる！	힙하다！	ひぱだ	65
痛いの痛いの飛んでけ～。	엄마 손은 약손．	おむま そぬん やくそん	28
イチオシ	강추	かんちゅ	74
一緒に遊ぼう。	같이 놀자．	かち のるじゃ	19
一緒に行こう。	같이 가자．	かち がじゃ	83
一緒にいたい。	같이 있고 싶어．	かち いっこ しぽ	76
一緒に自撮りしよ！	나랑 셀카 찍자！	ならん せるか っちくちゃ	59
行ってくるね。	다녀올게．	たにょおるけ	03
行ってらっしゃい。	다녀와．	たにょわ	03
行っといで～。	댕겨와~．	てんぎょわ	03
いつぶり？	얼마 만이야？	おるま まにや	02
いつもそばにいるから。	늘 옆에 있을게．	ぬる よべ いっするけ	88
今大丈夫？	지금 괜찮아？	ちぐむ ぐぇんちゃな	61
今使ってるから。	지금 쓰거든．	ちぐむ っすごどぅん	60
今どこ？	지금 어디야？	ちぐむ おでぃや	61
いや、合ってるって。	맞거든？	まっこどぅん	86
いや、違うって。	아니거든？	あにごどぅん	86
いや、なんとなくね…。	아니 , 그냥…．	あに くにゃん	26
言われてみれば。	하긴 그러네．	はぎん くろね	31
インスタ映え	인스타 감성	いんすた がむそん	72

う

うきうきする！	신난다！	しんなんだ	49
うざっ。	짜증나．	ちゃじゅんな	51
嘘でしょ？	거짓말이지？	こじんまりじ	33
うまくいくって。	잘될 거야．	ちゃるどぇる こや	10
海だ！	바다다！	ぱだだ	91
うれしい。	기쁘다．	きっぷだ	40
うわ！	깜짝이야！	かむっちゃぎや	45
うわ～！	아이고！	あいご	29
うわ、気が狂いそう。	와 , 미치겠네．	わ みちげんね	62
浮気しないで。	바람피우지 마．	ぱらむぴうじ ま	78
うん、ちょっとそこまで。	응 , 어디 좀 가．	うん おでぃ じょむか	26
うんうん。	응응．	うんうん	29
運が悪い。	운이 나빠．	うに なっぱ	50

INDEX

日本語	韓国語	読み	SCENE
うんざりする。	지겹다.	ちぎょぷた	51

え

日本語	韓国語	読み	SCENE
え～！	뭐?	むぉ	33
え～、そんなあ。	에이.	えい	29
え～と。	어~.	お	30
映画でも見ない？	영화라도 볼래?	よんふぁらど ぼるれ	85
エグい！	폼 미쳤다!	ぽむ みちょった	66
えっへん！	에헴!	えへむ	44

お

日本語	韓国語	読み	SCENE
おいしい！	맛있다!	ましった	25
おいしいでしょう？	맛있지?	ましっち	25
おいしそう！	맛있겠다.	ましっけった	25
応援してるよ。	응원할게.	うんうぉなるけ	11
大きくなったね。	많이 컸네.	まに こんね	28
大声で叫べ！	소리 질러!	そり じるろ	79
おかえり。	어서 와.	おそ わ	04
おかえり。	다녀왔어?	たにょわっそ	04
おかしくなりそう！（すごい！やばい！）	미쳤다!	みちょった	40
起きた？	일어났어?	いろなっそ	01
おごってよ。	한턱내.	はんとんね	18
怒らせないで。	빡치게 하지 마.	ぱくちげ はじ ま	62
お先に。	먼저 갈게.	もんじょ がるけ	05
お酒やめたんだ。	나 술 끊었어.	なする っくのっそ	20
教えて。何？	말해 봐. 뭐야?	まれ ぼぁ むぉや	38
お大事に。	몸조리 잘 해.	もむじょり じゃれ	23
オッケー！	오케이!	おけい	13
お出かけ？	나들이 가?	などぅり が	26
男友だち	남사친	なむさちん	73
同い年だしね。	동갑이잖아.	とんがびじゃな	27
おなかいっぱい。	배불러.	ぺぶるろ	53
おなかすいた。	배고파.	ぺごぱ	53
同じく。	디토.	てぃと	73
お名前は？	이름이 뭐니?	いるみ むぉに	90
お願いがあるんだけど…。	부탁이 있는데….	ぷたぎ いんぬんで	12
おはよう！	좋은 아침!	ちょう なちむ	01
お風呂に入って寝なさい。	씻고 자라.	しっこ じゃら	80

日本語	韓国語	読み	SCENE
おめでとう！	추카추카！	ちゅかちゅか	18
おもしろい。	재미있다．	ちぇみいった	49
おやすみ。	잘 자．	ちゃる じゃ	01
終わった～！（自由だ～！）	해방이다！	へばんいだ	91

か

顔色悪いよ。	안색이 안 좋다．	あんせぎ あん じょた	23
カカオトークして。	카톡해．	かとけ	06
カカオマップ見よう。	카카오맵 보자．	かかおめっぷ ぽじゃ	67
火事だ！	불이야！	ぷりや	69
風邪に気をつけて。	감기 조심해．	かむぎ じょしめ	23
風邪ひいたみたい。	감기 들었나 봐．	かむぎ どぅろんな ぽぁ	68
画期的！	신박하다！	しんばかだ	16
かっけ～。	멋지다！	もっちだ	65
勝て～！	이겨라！	いぎょら	14
カトクでお願い。	톡으로 해．	とぐろ へ	06
髪型変えた？	머리 했어？	もり へっそ	57
かわいい！	귀여워！	くぃようぉ	65
カンパイ！	짠！	ちゃん	37
乾杯。	건배！	こんべ	37
がんばったね。	애썼다．	えっそった	17
がんばれ～！	힘내라！	ひむねら	14
がんばろう！	아자 아자！	あじゃ あじゃ	10

き

気がついた？	이제 정신 드니？	いじぇ ちょんしん とぅに	70
機嫌直して。	이제 화 풀어．	いじぇ ふぁ ぷろ	63
聞こえる？	목소리 들려？	もくそり どぅるりょ	70
傷ついた～。	나 마상 입었어．	な まさん いぽっそ	63
気絶。	기절．	きじょる	73
既読スルー	읽씹	いくっしぷ	72
気にしないで。	신경 쓰지 마．	しんぎょん っすじ ま	78
気になる。	궁금해．	くんぐめ	38
気の毒だ。	안됐다．	あんどぇった	89
気分サイコー。	기분 째진다．	きぶん っちぇじんだ	49
君にしか頼めないんだ。	너밖에 없어．	のばっけ おぶそ	12
君のことを知りたい。	너를 알고 싶어．	のるる あるご しぽ	82
君のためなら。	널 위해서라면．	のる うぃへそらみょん	13

213

INDEX

日本語	韓国語	読み	SCENE
これはちょっとないでしょう。	이건 좀 아니지.	いごん じょむ あにじ	87
これはないしょだけど。	이건 비밀인데.	いごん びみりんで	24

さ

最近忙しい？	요즘 바빠？	よじゅむ ばっぱ	07
さいこ〜！	짱！	ちゃん	39
最高！	예술이다！	いぇすりだ	16
最高！	최고！	ちぇご	39
最高。	지존이다.	ちじょにだ	66
ささやかな幸せ	소확행	そふぁけん	74
さすが〜！	역시 ~！	よくし	31
さっさと食べちゃおう。	얼른 먹자.	おるるん もくちゃ	54
寒い…。	추워….	ちゅうぉ	52
サンキュ〜。	땡큐.	てんきゅ	17
斬新！	참신하다！	ちゃむしなだ	16

し

幸せなチュソクを！	메리 추석！	めり ちゅそく	71
しかたないね。	어쩔 수 없어.	おっちょる す おぶそ	21
仕事、何時に終わる？	일 언제 끝나？	いる おんじぇ っくんな	19
しっ！ 秘密だよ。	쉿！ 비밀이야.	すいっ びみりや	24
しっかり隠れろ。	꼭꼭 숨어라.	こっこく すもら	80
しっかりして！	정신 차려！	ちょんしん ちゃりょ	70
知ってるって。	나도 알거든？	など あるごどぅん	86
じゃあ、聞いてみよう。	그럼 물어보자.	くろむ むろぼじゃ	67
しゃあない。	할 수 없지.	はる す おぶち	21
じゃあね。	잘 가.	ちゃる が	05
じゃあね。	끊어.	くの	61
宿題やった？	숙제 다 했어？	すくちぇ だ へっそ	28
正直に話して。	솔직히 말해 봐.	そるちき まれ ぼぁ	36
冗談でしょ？	농담이지？	のんだみじ	33
しょうもない。	못 말려.	もん まるりょ	21
ショック！	멘붕이다！	めんぶんいだ	73
しらけた。	갑분싸.	かっぷんっさ	74
知らなかった。	난 몰랐어.	なん もるらっそ	22
知らぬが仏。	모르는 게 약.	もるぬん げ やく	75
知らん。	몰라.	もるら	22
知りたい。	알고 싶어.	あるご しぽ	38

INDEX

日本語	韓国語	読み	SCENE

た

退屈だ。	따분해.	たぶね	48
大したことないよ。	별거 아니야.	ぴょるごあにや	66
大丈夫？	괜찮아?	くぇんちゃな	09
大丈夫じゃない。	안 괜찮아.	あん ぐぇんちゃな	09
大丈夫だよ！	괜찮아!	くぇんちゃな	10
大変だ〜！	큰일 났다!	くにる らった	69
大変だったね。	힘들었겠다.	ひむどぅろっけった	32
たくさん食べなさい。	많이 먹어라.	まに もごら	80
たしかに。	하긴.	はぎん	42
助けて！	사람 살려!	さらむ さるりょ	69
助けてくれる？	나 좀 도와줄래?	な じょむ どわじゅるれ	12
ただいま。	다녀왔어.	たにょわっそ	04
ただいま。	나 왔어.	な わっそ	04
棚からぼたもち。（行く日が市場の日）	가는 날이 장날.	かぬん なり じゃんなる	75
楽しい！	즐거워!	ちゅるごうぉ	49
頼む！	부탁해!	ぷたけ	12
食べてみて。	먹어 봐.	もごぼぁ	25
ためぐちでいいですか？	말 놔도 돼요?	まる ぬぉど どぇよ	27
ためぐちでいこう。	반말 트자.	ぱんまる とぅじゃ	27
ためぐちでお願いします。	말씀 놓으세요.	まるっすむ のうせよ	27
だよね。	내 말이.	ね まり	42
だるい。	몸살인가 봐.	もむさりんが ぼぁ	47
誰かと思ったら！	이게 누구야?	いげ ぬぐや	59
誰もいないの？	아무도 없어?	あむど おぶそ	04
誕生日おめでとう！	생일 축하해!	せんいる ちゅかへ	18
誕生日おめでとう！	생축!	せんちゅく	71
単刀直入に。	거두절미하고.	こどぅじょるみはご	36

ち

知性派イケメン。	뇌섹남.	ぬぇせんなむ	66
チメクしようか？	치맥 할까?	ちめ かるっか	84
チューして。	뽀뽀해 줘.	ぽっぽへ じゅぉ	81
超ひさしぶり！（百万年ぶり）	백만 년 만이네!	ぺんまん にょん まにね	02
ちょっと集まらない？	번개할래?	ぽんげはるれ	19
ちょっと借りるね。	좀 쓸게.	ちょむ っするけ	60
ちょっと気分転換に。	바람 좀 쐬러.	ぱらむ じょむ っすぇろ	26

INDEX

日本語	韓国語	読み	SCENE

な

泣かないで。	울지 마 .	うるじ ま	78
仲直りしよ。	화해하자 .	ふぁへはじゃ	63
情けない。	한심하다 .	はんしまだ	46
なつかし〜。(ひさしぶりに会えてうれしい)	반가워 .	ぱんがうぉ	02
夏だ！	와！여름이다！	わ よるみだ	91
納得できない。	납득이 안 돼 .	なぶとぅぎ あん どぇ	55
なでなで。	복복복 .	ぽくぽくぽく	35
なでなで。	쓰담쓰담 .	すだむっすだむ	35
何か食べに行こう。	뭐 먹으러 가자 .	むぉ もぐろ がじゃ	53
何してるの？	뭐 하니？	むぉ はに	90
何頼む？	뭐 시킬까？	むぉ しきるっか	58
何頼もうか？	뭐 시킬까？	むぉ しきるっか	84
何やってもダメだ。	뭘 해도 안돼 .	むぉる へど あんどぇ	50
なるほど。	그렇구나 .	くろくな	31
なんか飲む？	뭐 마실래？	むぉ ましるれ	85
なんだっけ？	뭐더라？	むぉどら	30
なんだって？	뭐래？	むぉれ	22
なんだって？	뭐라고？	むぉらご	36
なんだろ？ ドキドキする。	뭔데？설렌다 .	むぉんで そるれんだ	76
なんでここに？	여긴 웬일이야？	よぎん うぇんにりや	59
なんてこった！	세상에！	せさんえ	34

に

| 二度としないから。 | 다신 안 그럴게 . | たしん あん ぐろるけ | 64 |

ね

| ねえ、聞いた？ | 그 얘기 들었어？ | く いぇぎ どぅろっそ | 24 |
| 眠たい。 | 졸려 . | ちょるりょ | 47 |

の

のどが痛いな。	목이 아프네 .	もぎ あぷね	68
飲みに行こうよ。	한잔하자 .	はんじゃなじゃ	19
飲みまくろう。	마시고 죽자 .	ましごじゅくちゃ	37
乗れ！	타！	た	79
呪われてる！	재수 옴 붙었네！	ちぇす おむ ぶとんね	50

は

| は？ | 헐 . | ほる | 46 |
| パーフェクトな人。 | 엄친아 . | おむちな | 56 |

INDEX

日本語	韓国語	読み	SCENE

ほ

僕がいるじゃない。	내가 있잖아 .	ねが いっちゃな	11
僕が守ってあげる。	내가 지켜 줄게 .	ねが じきょ じゅるけ	11
僕と付き合う？	나랑 만날래 ?	ならん まんなるれ	85
ほっといてちょうだい。	나 , 오늘 민감해 .	な おぬる みんがめ	62
ほめて。	칭찬해 줘 .	ちんちゃね じゅぉ	81
ぼろが出た。	뽀록났다 .	ぽろんなった	89
ほんとなの!?	진짜야 !?	ちんっちゃや	24
ポンポン。	토닥토닥 .	とだくとだく	35

ま

まあ、かわいい！	아구 이쁘라 !	あぐ いっぽら	28
まあまあかな。	그냥 그래 .	くにゃん ぐれ	08
迷子になっちゃった…。	길을 잃었네… .	きるる いろんね	67
まさか！	설마 !	そるま	34
マジ？	정말 ?	ちょんまる	33
マジかよ。	이거 실화냐 ?	いごしるぁにゃ	34
まじでうらやましい。	진짜 부럽다 .	ちんっちゃ ぶろぶた	44
まじ天才。	완전 천재네 .	わんじょん ちょんじぇね	66
また会おう。	또 봐 .	とぼぁ	79
またかよ。	또야 ?	とや	21
またね。	또 보자 .	と ぼじゃ	05
待った？	많이 기다렸지 ?	まに ぎだりょっち	58
まったくだ。	누가 아니래 .	ぬが あにれ	29
待ってるね。	기다릴게 .	きだりるけ	88

み

未読スルー	안 읽씹	あ にくっしぷ	72
認めざるをえない。	킹정 .	きんじょん	42
耳にタコ。	귀에 못 박혔어 .	くいえ もっ ばきょっそ	51

む

無害な人。	무해한 사람 .	むへはん さらむ	56
むかつく！	재수 없어 !	ちぇす おぶそ	50
無理しないで。	무리하지 마 .	むりはじ ま	23

め

目が回りそう。	눈코 뜰 새 없어 .	ぬんこ っとぅるせ おぶそ	07
めちゃくちゃだ。	엉망이다 .	おんまんいだ	55
めちゃめちゃ忙しい。	너무너무 바빠 .	のむのむ ばっぱ	07

INDEX

日本語	韓国語	読み	SCENE
世の中って狭いね。	세상 진짜 좁네 .	せさん じんっちゃ じょむね	59

ら

ラーメン食べてかない？	라면 먹고 갈래 ?	らみょん もっこ がるれ	77
ラッキー！	땡 잡았다 !	てん じゃばった	43
ラッキーだね。	복 받았네 .	ぼく ばだんね	43
ランチしない？	점심 먹을래 ?	ちょむしむ もぐるれ	85

り

リア充	인싸	いんっさ	74
理想のタイプは？	이상형이 뭐야 ?	いさんひょんい むぉや	56
了解！	알았어 !	あらっそ	13

れ

恋愛したい。	연애하고 싶어 .	よねはご しぽ	82
連絡するね。	연락할게 .	よるらかるけ	06
連絡ちょうだい。	연락해 .	よるらけ	06

わ

わあ！	와 !	わ	41
わからない。	모르겠어 .	もるげっそ	22
別れよう。	우리 헤어지자 .	うり へおじじゃ	83
私、方向音痴なの。	나 길치야 .	な ぎるちや	67
私がついてるからね。	난 니 편이야 .	なん に ぴょにや	11
私が予約するね。	내가 예약할게 .	ねが いぇやかるけ	88
私が悪かった。	내가 잘못했어 .	ねが じゃるもてっそ	64
私たち付き合おう。	우리 연애하자 .	うり よねはじゃ	77
私のだよ。	내 꺼야 !	ねっこや	60
私（のほう）がきれいなんだから。	내가 이쁘거든 ?	ねが いっぷごどぅん	86
私の夢見てね。	내 꿈꿔 .	ねっくむくぉ	01
私も。	나도 .	など	32
私も今来たとこ。	나도 방금 왔어 .	など ばんぐむ わっそ	58
私を好きになって。	날 좋아해 줘 .	なる じょあへ じゅぉ	81
割り勘しよう。	N빵 하자 .	えんっぱん はじゃ	83

著者

キム・スノク（金順玉）

梨花女子大学卒業後、ドイツ・マールブルク大学神学部を経て来日。コリ文語学堂代表。武蔵大学、フェリス女学院大学、清泉女子大学講師。NHKラジオ「まいにちハングル講座」「レベルアップ ハングル講座」、Eテレ「テレビでハングル講座」で講師を務める。
著書に、『実践に使える！韓国語〔文法〕トレーニング』（高橋書店）、『超初級から話せる 韓国語声出しレッスン』『ゼロからはじめる韓国語書き込みレッスン』（アルク）、『30短文で韓国語スピーキングレッスン』（HANA）、共著に、『活用別で身につく 80パターンで韓国語が止まらない！』（高橋書店）、『チャレンジ！韓国語』シリーズ 、『基本が身につく みんなの韓国語 初級』（白水社）、『読む、書く、聞く、話す 4つの力がぐんぐん伸びる！ 韓国語 初級ドリル』『同 中級ドリル』（HANA）などがある。

コリ文語学堂 https://ac.koribun.com/
X（旧Twitter）：@koricori2（学習専用ツール）

日常のカジュアルなひとこと
ためぐち韓国語

著　者	キム・スノク
発行者	清水美成
編集者	和田奈美子
発行所	**株式会社 高橋書店**

〒170-6014 東京都豊島区東池袋3-1-1 サンシャイン60 14階
電話 03-5957-7103

ISBN978-4-471-11339-1　©Soon-Ock KIM Printed in Japan

本書の内容についてのご質問は「書名、質問事項（ページ、内容）、お客様のご連絡先」を明記のうえ、郵送、FAX、ホームページお問い合わせフォームから小社へお送りください。
回答にはお時間をいただく場合がございます。また、電話によるお問い合わせ、本書の内容を超えたご質問にはお答えできませんので、ご了承ください。
本書に関する正誤等の情報は、小社ホームページもご参照ください。

【内容についての問い合わせ先】
　書　面 〒170-6014 東京都豊島区東池袋3-1-1 サンシャイン60 14階
　　　　 高橋書店編集部
　FAX 03-5957-7079
　メール 小社ホームページお問い合わせフォームから （https://www.takahashishoten.co.jp/）

【不良品についての問い合わせ先】
　ページの順序間違い・抜けなど物理的欠陥がございましたら、電話03-5957-7076へお問い合わせください。ただし、古書店等で購入・入手された商品の交換には一切応じられません。